처음 읽는
현대 철학

아들러, 라캉,
마사 누스바움…

26인의 사상가와 함께하는
첫 번째 현대 철학 수업

처음 읽는
현대 철학

안광복 지음

어크로스

책을 열며

1996년, 물리학자 앨런 소칼Alan Sokal은 당시 유명 철학 학술지였던 〈소셜 텍스트Social Text〉를 상대로 '장난'을 쳤다. 포스트모더니즘을 들먹거리며 여기에 양자물리학을 적당히 버무린, 거창해 보이지만 전혀 말이 되지 않는 헛소리를 '논문'이라고 투고한 것이다. 결과는 어땠을까? 편집자들은 이 논문(?)이 가짜임을 눈치채지 못했다. 오히려 '과학 전쟁'이라는 주제 밑에 의미 있는 논문으로 학술지에 실어주었다.

이른바 '소칼 사건'으로 알려진 이 해프닝은 철학자들을 벼랑 끝으로 몰아붙였다. 철학은 난해하지만 뭔가 심오한 진리를 담고 있는 듯싶다. 하지만 결국 철학자들 상당수는 난해하고 복잡한 이론 속에서 허우적거리고 있을 뿐이지 않은가!

소칼 사건은 당시 지성계에 엄청난 충격을 안겼다. 그러나 철학과 대학원생이던 나에게는 되레 이 사건이 묘한 위안으로 다가왔다. 당시는 데리다나 라캉, 들뢰즈 정도는 읊조려야 제대로 된 철학도인 듯 여겨지던 분위기였다. 공부 모임 때마다 나는 이해 안 되는 텍스트를 노려보며 진땀을 흘려야 했다. 그런데 논의를 못 따라갔던 이유가 내가 부족해서가 아니었다니! 당시 잘나가던 철학 자체가 사기였다니!

30년 가까이 흐른 지금, 떠들썩했던 소칼 사건을 기억하는 사람은 별로 없다. 아니, 이제는 철학 자체가 잊힌 듯하다. 당시 유행하던 철학 서적들 역시 대부분 절판 상태다. 그렇다면 치열했던 철학은 의미도, 가치도 없는 사기극이었을 뿐일까?

과학기술은 가파른 속도로 발전한다. 이에 따라 문화와 가치관 역시 빠르게 바뀐다. 예전에 옳았던 것이 지금은 틀리기도 한다. 바뀌는 상황을 좇아가지 못하고 과거 생각에 머무르면 '꼰대' 소리를 들을 터다. 그렇지만 새로운 문화가 꼭 옳고 바람직하다는 법도 없다. 경제가 자라나고 인권이 사회에 뿌리 깊게 자리 잡는데도, 왜 사람들 표정에 행복보다 무기력과 분노가 더 많이 피어나는지 생각해보라. 이럴 때 무엇이 옳고 바람직한지를 어디에 물어야 할까?

진화에는 목표가 없다. 적응이 있을 뿐이다. 과학기술도 다르지 않다. 발전과 성장은 있어도, 과학기술 자체가 '바람직한 사회와 삶'에 대한 그림을 그려주지는 않는다. 반면 2000년이 훌쩍 넘는 철학의 오랜 역사가 매달렸던 핵심 주제는 '제대로 사는 것이란 무엇인가?', '좋은 세상은 무엇인가?'였다. 진화에는 목적이 없지만, 문명에는 인류가 어디로 가야 할지에 대한 목표가 있어야 한다. 진화는 숱한 희생과 파멸을 낳는 시행착오를 겪으며 이루어진다. 문명 발전이 이런 식으로 이루어져서는 안 된다. 인류의 발전이 자연의 진화처럼 이루어진다면 문명의 핵심인 '인간다움'이란 도대체 무엇이란 말인가!

현대사회에서 철학은 《성경》의 비유를 들자면 '건축자의 버린 돌'과 같다. 소중함을 세상이 모른다는 의미다. 이제는 우리가 이 돌들을 다시 주워 문명의 머릿돌로 삼아야 할 때다. 철학은 지금의 문제를 푸는 '오래된 지혜'이기 때문이다. 현대 철학이 난해해졌던 이유는 풀어야 할 문제가 점점 복잡하고 어려워졌기 때문임을 놓쳐서는 안 된다. 나는 이 책에서 늘 해왔던 방식으로 철학의 진입 장벽을 낮추려 한다. 쉽고 간명하게 철학자의 말을 풀어주겠다는 뜻이다. 나아가, 독자가 자신에게 절실한 삶과 세상에 대한 물음을 풀어줄 지혜와 만날 수 있도록 공을 들였다. 이는 '지금 이 순간' 우리에게 절실한 문제에서부터 철학자에 대한 탐색을 시작했다는 의미다.

이 책은 이제는 스테디셀러로 자리 잡은 《처음 읽는 서양 철학사》의 연장선 위에 있다. 《처음 읽는 서양 철학사》가 2500년 철학의 역사 전체를 보여주었다면, 여기서는 주로 20세기 이후의 철학자들을 소개한다. 이 책에서는 프로이트나 아들러, 카를 융같이 아마도 스스로 진히 철학자로 소개하고 싶이 하지 않았을 법힌 심층심리학자들도 '철학자'로 다루었다. 나아가 에드워드 윌슨 같은 사회생물학자, 레프 비고츠키 같은 교육학자도 '철학자'의 일원으로 논의한다. 철학은 세상의 가장 근본적인 물음을 다루는 학문이다. 이마누엘 칸트는 당대에는 지리학자로 가장 널리 알려졌지만, 지금은 철학의 영역에서 으뜸으로 여겨진다. 데카르트는 기하학자로도 의미 있지만 근대의 세계관을 연 철학자로 더욱 울림이 깊다. 전에는 철학의 범위에 들지 않았던 인물을 '현대 철학자'로 소개하는 이유도 여기에 있다. 현대 철학은 우리 시대의 문제를 다룬다. 나는 '우리의 고민'에 혜안과 새로운 시각을 던져준다면, 누구라도 '철학자'로 소개할 준비가 되어 있다.

20세기 이후의 철학자들을 다룬다고 했지만, 책에는 헤겔과 최제우, 최한기같이 19세기의 철학자들도 등장한다. 여기에는 헤겔을 모르면 20세기 이후의 철학 흐름을 따라가기 어렵다는 현실적인 이유가 있었다. 나아가, 우리 철학을 소개하고 싶었지만 동시대 인물을 다루기에는 평가가 정리되지 않는 부분이 너무 많았다. 최제우와 최한기 이후 20세기 이 땅의 철학 흐름은 추후 다른 기회를 통해 다루었으면 하는 바람이다.

우리 시대에는 독창성과 상상력, 다르게 생각하는 용기가 필요하다. 아울러 욕망을 솔직하게 바라보며 해법을 찾고, 서로를 보듬으며 공동체를 가꾸는 능력 역시 중요하다. 책의 장章을 크게 욕망의 발견, 틀을 깨기, 통찰, 어울림이라는 네 개의 열쇳말로 구성한 이유다.

이 책을 쓰는 데는 3년이 넘는 세월이 필요했다. 그만큼 현대 철학은 이해하기에 어렵고 내용이 깊었다. 긴 기간 동안 연재를 담당해준 〈고교독서평설〉의 남궁경원 팀장에게 감사를 드린다. 거친 원고를 다듬느라 고생하신 김다정, 박미영 기자에게도 고마움을 전한다. 이 책의 기획 아이디어는 지금은 북트리거로 자리를 옮긴 윤소현 편집장께서 주신 것이다. 오랜 벗이자 마음의 의지처인 윤 편집장께도 이 자리를 빌려 감사를 드린다. 《처음 읽는 서양 철학사》를 담당했던 최윤경 편집장이 이번에도 편집을 맡아주었다. 필자보다 필자를 더 잘 아는, 인성과 빼어난 실력을 갖춘 '인간문화재' 수준의 편집자다. 글이 잘 읽히고 머리와 가슴에 잘 다가온다면 이는 전적으로 최 편집장의 공이라고 보아도 좋겠다. 언제나 출판 제안을 먼저 주시고 섬세하게 출간의 전 과정을 챙겨주시는 어크로스 김형보 대표에게도 깊은 감사를 드린다.

원고를 쓰는 동안 나의 두 아이는 자라 대학생이 되었고, 아버지는 소천하셨다. 지천명에 이르자, 삶은 거스를 수 없는 물결임을 깨닫게 된다. 이 책은 돌아가신 아버지께 올리는 감사의 큰절이다. 홀로되신 어머니와 남은 가족 모두를 위로하는 마음으로 서문을 썼다. 부디 현대 철학이 세상을 구할 큰 지혜로 부활하기를 바란다.

2023년 2월
안광복

차례

1장

무의식에서 실존까지, 삶의 의미를 찾아서

✦ ──────── ✦ ──────── ✦

욕망을 발견하는 철학

무의식, 인류의 몰락과
해방을 불러오다

지크문트 프로이트

인류 몰락을 이끈 삼인방

과학기술의 발전은 인류에 대한 환상을 없애버리곤 한다. 많은 종교
에서 인간이 사는 지구를 우주의 중심으로 여겼다. 하지만 폴란드의
천문학자 니콜라우스 코페르니쿠스Nicolaus Copernicus는 이런 믿음이 틀
렸음을 증명했다. 지구는 태양을 중심으로 도는 행성 가운데 하나일
뿐이다. 게다가 우리가 속한 은하계 역시 우주 변두리에 있는 한낱
별의 무리에 지나지 않는다. 우주 전체와 견주면 인간은 먼지보다 나
을 것이 없는 존재라는 뜻이다.

영국의 생물학자 찰스 다윈Charles Darwin은 인류를 벼랑 끝으로 한
걸음 더 밀어냈다. 《성경》은 인간을 '신이 가장 공들여 만들어낸 소

중한 존재'라고 말한다. 그러나 다윈의 진화론에 따르면, 인간은 원숭이·침팬지와 크게 다르지 않은 부류다. 세월에 따라 적응하며 변해 간다는 점에서는 다른 생명과 별다르지 않다.

오스트리아의 심리학자 지크문트 프로이트Sigmund Freud는 아예 인류를 벼랑 밖으로 밀쳐냈다. 그의 시대에 인간은 이미 우주의 중심이 아니었다. 신이 창조한, 위대한 존재도 아닌 듯싶었다. 그래도 인류는 여느 생명체는 지니지 못한 이성理性을 갖고 있기에, 사람들은 생명체 가운데 인간이 가장 뛰어나다고 여겼다.

반면에 프로이트는 이런 믿음에 고개를 흔들었다. 이성은 인간의 마음에서 아주 작은 일부일 뿐이다. 드러난 빙산氷山은 잠긴 부분에 비하면 극히 작은 부위다. 인간을 이끄는 것은 정신이 아니다. 우리를 이끄는 힘은 이성이 미처 파악하지 못하는 무의식unconsciousness이다. 인간은 무의식 속 숨은 욕망에 휘둘리며 절절맨다는 점에서 여느 짐승과 다를 바 없다.

프로이트의 주장은 그의 생전에 엄청난 반발을 불렀다. 코페르니쿠스가 지구가 세상의 중심이 아님을 선언했을 때도, 다윈이 진화론을 내놓았을 때도 비슷한 혼란이 있었

프로이트는 인간을 새로운 관점에서 해석해 수많은 논쟁을 불러일으켰다. 1924년 10월 27일 자 〈타임〉지 표지를 장식한 프로이트.

다. 프로이트가 죽은 지 100년 가까이 흐른 지금, 그의 주장은 우리에게 상식으로 자리 잡았다. 코페르니쿠스의 지동설과 다윈의 진화론도 이미 오래전에 표준 과학 이론으로 굳어졌다. 프로이트는 마침내 인류가 세상 어떤 존재보다 특별히 더 존귀하지 않다는 결론을 이끌어낸 셈이다. 한마디로 프로이트는 코페르니쿠스, 다윈과 함께 '인류 몰락을 이끈 삼인방'이라 불릴 만하다.

리비도, 채워지지 않는 욕망은 사라지지 않는다

지크문트 프로이트는 왜 무의식 속 욕망에 주목했을까? 그는 오스트리아의 유능한 정신과 의사였다. 프로이트는 극심한 불안에 시달리거나 강박으로 괴로워하는 환자를 숱하게 접했다. 그는 물리학에서 말하는 '에너지보존법칙'에 마음이 끌렸다. 이에 따르면, 에너지는 형태가 바뀔 뿐 사라지지 않는다. 마찬가지로 모든 인간은 날 때부터 욕망을 갖고 태어난다. 프로이트는 이를 '리비도libido'라고 불렀다. 이는 평생 생겨나며 절대 없어지지 않는다. 욕망은 드러내고 채워질 때만 잠잠해질 뿐이다.

만약 욕망을 제대로 충족하지 못하면 어떻게 될까? 이 심리적 에너지, 즉 리비도는 여러 곳에서 문제를 일으킨다. 에너지가 사라지지 않듯, 어누른다고 해서 욕망이 없어지진 않는 까닭이다. 넘쳐흐르는 욕구를 누르다 보면 마음의 힘이 떨어져 신경쇠약에 빠질 테다. 배고플 때 무엇에도 짜증이 나듯, 채워지지 못한 욕구는 엉뚱한 곳에서 분노와 화로 터져 나오기도 한다. 심지어 '화병' 같은 몸의 병을 일으키기도 한다.

프로이트는 당시 인기를 끈 최면술에 마음이 갔다. 특히 히스테리 환자를 치료할 때, 환자가 최면 상태에서 증상이 말끔히 사라지는 경우가 흔했다. 최면을 통해 자신의 욕구불만을 드러내고 표현했기 때문이다. 그렇지만 여기엔 한계가 있었다. 일단 최면에서 깨어나면 환자는 자기가 한 말과 행동을 기억하지 못했다. 마음의 문제는 거듭됐다.

여기에 프로이트는 의문을 품었다. 최면 상태의 환자는 자신에게 상처를 준 사건과 경험을 곧잘 기억해내고 이야기했다. 그런데 왜 일상에서는 이를 기억하지 못할까? 우리 마음에 의식하지 않아도 깊이 새겨지는 정신의 영역이 있는 게 아닐까? 이런 의문은 '무의식의 발견'으로 이어졌다.

잊고 싶으니까 잊힌 것이다

그렇다면 무의식에는 무엇이 담겨 있을까? 대개는 억압된repressed 욕망들이다. 떠오를까 봐 억지로 꾹꾹 눌러놓은 기억과 욕망이 한둘이겠는가. 왜 이것들을 억누를까? 대놓고 드러내기엔 너무 수치스럽거나, 욕망이 원하는 대로 했다간 온갖 비난과 처벌을 받을 수 있는 탓이다. 보통 성性적인 욕망이 그렇다.

어린 시절 우리는 야단맞거나 벌받으면서 이런 욕구를 감추는 방법을 익힌다. 그러다가 시간이 흐르면 욕구를 자동으로 누르는 습관이 의식에 밴다. 예컨대 절대 허락되지 않을 대상에게 성욕을 느끼거나, 질투나 원망 등으로 가까운 이들을 죽이고 싶다고 해보라. '정상적인' 윤리를 지닌 사람은 이런 마음이 든다는 사실 자체에 충격을 받는다. 그래서 욕망이 의식에 떠오르지 못하도록 필사적으로 막는다.

안타깝게도 채워지지 못한 욕망은 결코 사라지는 법이 없다. 나아가 철저한 억압이 거듭되다 보면, 정작 자신이 어떤 욕구를 누르고 있는지조차 잊어버리는 지경에 이른다. 마음에는 불안과 초조가 가득하지만, 왜 그런지 설명할 수 없는 상태가 되고 만다는 뜻이다.

지크문트 프로이트는 우리 의식이 꼭꼭 감추어버린 욕망을 드러내려고 했다. 그래야 자신을 압박하는, 가득 쌓인 에너지가 풀려나서 몸과 마음이 자유로워지기 때문이다. 그런데도 사람들은 자신을 괴롭게 하는 욕망이 나타나는 것을 필사적으로 막으려고 한다. (이를 프로이트는 '저항'이라고 부른다.) 왜 그럴까?

프로이트는 모든 잊힌 욕망은 '잊고 싶으니까 잊힌 것'이라는 사실을 깨달았다. 감당하지 못할 만큼 추하고 악한 자신의 모습을 인정해야 하기에 이를 결단코 막으려 한다는 것이다. 하지만 아무리 추잡하더라도 그런 욕망이 자기 안에 있음을 받아들여야 마음의 병이 사라진다. 욕망은 결국 채워져야만 잠잠해지기 때문이다.

카우치에서 이루어진 자유연상과 꿈의 해석

지크문트 프로이트의 치료법은 독특했다. 환자가 카우치에 눕는다. 그리고 의사는 환자의 시선이 닿지 않는 머리맡에 앉아서 그의 말을 주의 깊게 듣는다. 이른바 '자유연상'이라는 기법이다. 자유연상은 프로이트가 개척한 '정신분석학psychoanalysis' 분야의 대표적인 치유법이다. 정신분석학이란 '무의식을 탐구하는 학문'이다. 정신분석적 치료란 자신조차 알지 못하는 마음의 부분을 드러내어 심리적 고통을 없애는 과정을 말한다. 그렇다면 프로이트는 왜 자유연상을 통해 무의식에 다다르려고 했을까?

정신을 쥐고 있는 상황에서 무의식은 잘 드러나지 않는다. 무의식은 의식이 작동하지 않을 때 표면에 떠오르기 마련이다. 그래서 의식적인 노력을 기울이지 않고 떠오르는 대로 편하게 말하도록 환자를 내버려두는 것이다.

나아가 꿈은 '무의식에 이르는 왕도王道'다. 프로이트에 따르면, 꿈은 자신의 욕망을 채우려는 무의식의 노력이다. 떠오르는 부끄러운 욕구에 놀란 나머지 잠에서 깨선 안 된다. 꿈의 내용은 욕망을 감추는 온갖 상징으로 가득하다. 정신분석에서는 꿈을 해석하며 그 안에 담긴 욕구를 의식으로 끌어올리려 한다. 프로이트의 유명한 저서인 《꿈의 해석》(1899)은 이에 관한 내용을 담은 책이다.

일상의 말실수나 착각에서도 무의식은 언뜻언뜻 드러난다. 서두르는데도 항상 늦게 가게 되는 곳을 떠올려보라. 정말 가기 싫다는 바

프로이트는 카우치에 누운 환자의 시선이 닿지 않는 곳에 앉아서 이야기를 듣는 방식으로 환자를 치료했다. 런던 프로이트 박물관에 전시된 프로이트의 카우치.

람이 무의식 속에서 지각을 하도록 만드는 것 아닐까? 단어를 말할 때 비슷하지만 엉뚱한 말을 내뱉는 일도 있다. 실수로 튀어나온 말에 자신의 본심이 담겨 있을지도 모른다.

이드와 에고, 슈퍼에고

시간이 갈수록 지크문트 프로이트는 무의식이 간단하지 않음을 깨달았다. 무의식에는 욕망만 담겨 있는 것이 아니었다. 여기에는 이유도 모르고 설명하기도 힘든 죄책감과 책임감 또한 숨어 있었다. 그래서

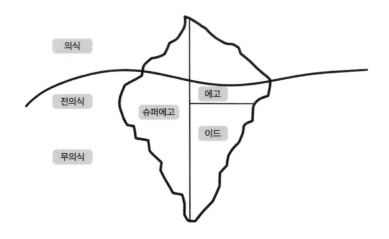

프로이트의 이드, 에고, 슈퍼에고 개념을 빙하에 빗대 표현한 그림.

프로이트는 노년에 이르러 자아를 다시 세 부분으로 나눴다.

'이드id'는 타고난 욕망을 이루는 요소다. 이드는 철저하게 '쾌락원리'에 따라 움직인다. 어떻게든 자신의 욕구를 채우려 한다는 뜻이다. 반면에 자아인 '에고ego'는 내가 의식적으로 생각하는 부분이다. 에고는 '현실원리'를 따른다. 이드가 졸라대는 온갖 요구를 억누르거나, 현실에 맞게 세상이 받아들일 만한 방식으로 바꿔서 들어주려고 한다는 의미다.

'슈퍼에고superego'는 '양심'이라 할 만한 요소다. 엄격한 눈으로 이드가 하는 일을 바라보며, 에고가 본능에 휘둘리려 할 때마다 비난하며 막는다. 슈퍼에고, 즉 초자아는 보통 어린 시절 어른들에게서 받은 충고나 처벌이 정신에 새겨져 굳은 것들이다.

에고는 이드와 슈퍼에고의 요구를 살피며, 주어진 상황에 맞게 처신하려고 한다. 그 가운데에서 에고는 자신을 지키기 위해 온갖 재주를 부린다. 이를 정신분석학에선 '방어기제'라고 부른다. 자신의 잘못이 아니라고 변명하는 '합리화', 뛰어난 사람과 자신을 같은 부류라 여기고 마음의 위로를 얻는 '동일시', 자기의 못난 부분을 다른 사람에게 덮어씌운 채 상대를 비난하는 '투사projection' 등 프로이트 이후 정신분석학은 숱한 방어기제를 찾아냈다. 정신분석 치료에는 이런 방어기제를 드러내고 환자가 이를 스스로 깨닫게 하는 과정도 포함된다.

욕망을 인정해야 해법도 열린다

지크문트 프로이트는 환상이 없는 사람이었다. 제1차세계대전은 인류에게 엄청난 충격을 주었다. 문명의 역사가 수천 년에 이르렀는데도 잔인성 면에서 조금도 나아진 바가 없었기 때문이다. 제1차세계대전은 역사상 그 어떤 전쟁보다 처절했으며, 대량 학살도 빈번하게 벌어졌다. 하지만 프로이트는 이런 현실에 별로 놀라지 않았다.

"우리 시민들은 우리가 두려워한 만큼 타락하지 않았습니다. 왜냐하면 처음부터 우리가 믿었던 만큼 (도덕적으로) 나아진 상대는 아니었으니까요."

세계대전과 관련한 프로이트의 평가다. 그는 언제나 인간의 마음 속에 꿈틀거리는 성적 욕망과 폭력에 대한 갈망을 담담하게 바라보았다. 그리고 인간도 여느 짐승과 다르지 않은 존재임을 묵묵히 받아들였다. 어찌 보면 그는 앞에서 소개했듯, 니콜라우스 코페르니쿠스와 찰스 다윈에 이은 '인류 몰락을 이끈 끝판왕'일지도 모르겠다.

그러나 인간의 위치가 밑바닥으로 내동댕이쳐질수록 문명은 더욱 발전하고 성숙했다는 점을 놓쳐서는 안 된다. 지구가 세상의 중심이 아니며 인간은 우주 변두리에 놓인 하찮은 존재임을 받아들였을 때, 인류는 제대로 세상을 바라볼 수 있었다. 다윈의 진화론을 인정했다고 해서 인간의 존엄성이 사라지지는 않았다. 마찬가지로 프로이트가 무의식과 욕망을 낱낱이 드러냈다고 해서 인간은 추악해지지 않았다.

제대로 된 처방과 해법은 자신의 처지와 상태를 제대로 바라볼 때 열린다. 프로이트에 따르면, 인간은 무의식적 욕망을 어쩌지 못하는 약하고 여린 존재다. 제대로 된 성장과 진보는 이런 사실을 받아들일 때 가능하다. 프로이트의 이론이 인류 문명에 큰 충격을 안겼어도 소중한 깨달음으로 연구되는 이유가 여기에 있다.

욕망 탐색

프로이트는 《쾌락원리를 넘어서》(1920)에서 인간 욕구의 새로운
측면을 이야기한다. 쾌락을 좇고 고통을 피하는 모습은 상식적이
다. 그러나 인간은 때로 무의식중에 고통을 바라며, 나아가 죽음을
꿈꾸기도 한다. '죽음의 욕망'이 삶에 대한 욕구만큼이나 강렬하다
는 뜻이다. 죽고 싶다는 생각이 들던 때는 없던가? 담배나 술 같은
몸에 해로운 중독 물질을 끊지 못하는 이유는 '죽음에 대한 욕망'이
무의식중에 강렬하게 작동하기 때문은 아닐까? 여기에 휘둘리지
않으려면 나의 무의식을 어떻게 다독여야 할까?

나의 욕망을
먼저 살펴야 하는 이유

자크 라캉

진리는 욕망 안에 숨어 있다

언제나 나를 섭섭하게 하는 친구가 있다. 약속을 줄곧 어기고 말을 함부로 하며 나를 무시하기 일쑤다. 불편한 감정이 쌓여만 가고, 더는 참기가 어려울 듯싶다. 그래서 작정하고 친구에게 따졌다. 그랬더니 상대는 되레 나에게 조목조목 면박을 주는 것이 아닌가.

"네가 잘못 생각하는 거야. 난 약속을 깨지 않았어. 사전에 충분히 이유를 설명했잖아. 너에게 말을 함부로 했다고? 그걸 꼭 그렇게 받아들여야겠어?" 그의 해명은 너무나 논리 정연하다. 맞대꾸하기도 쉽지 않을 정도다. 이런 상황이라면 도대체 누구에게 잘못이 있는 걸까?

세상은 합리적인 설명을 내놓는 쪽의 손을 들어주곤 한다. 분한 마음에 친구에게 소리를 지른다면 어떨까? 사람들은 나를 이상하게 쳐다볼 것이다. 불편하고 속상한 내 감정이 문제일까? 상대방의 말대로, 그렇게 느끼면 안 되고 제대로 된 감정을 갖기 위해 생각을 다잡아야 할까?

이런 상황에서 프랑스의 정신과 전문의이자 철학자인 자크 라캉 Jacques Lacan은 결연하게 고개를 흔든다. 그에 따르면, 진실은 논리적이고 합리적인 생각에 있지 않다. 오히려 진리는 부글부글하며 아직도 풀리지 않은 내 '욕망' 속에 숨어 있다. 그러니 주눅 들 필요 없다. 상대에게 설득되어 내가 바라야 한다고 하는 것을 원하게 되도록 노력하지 마라. 오히려 내가 진정 바라는 것이 무엇인지, 왜 그것을 원하는지를 제대로 곱씹어보아야 한다. 그래야 삶이 오롯이 제대로 서기 때문이다.

거울에 비친 나는 나일까?

자크 라캉이 논리적이고 합리적인 설명을 밀쳐내고 욕망을 먼저 챙기라고 한 이유는 무엇일까? 차근차근 논리를 펼치려면 먼저 생각하는 주체, '나'가 있어야 한다. 하지만 라캉에 의하면 '나'가 있다는 생각 자체가 착각에 지나지 않는다. 도대체 무슨 말일까?

태어난 지 6개월에서 18개월 정도 된 아기들은 거울에 비친 자기 모습에 반하여 빠져들곤 한다. 거울에 비친 모습이 '나'임을 깨닫는 까닭이다. 하지만 라캉은 아기가 보는 것은 자신의 '이미지'일 뿐, 실제 자기 자신이 아니라는 사실을 짚어준다. '나'라고 믿는 것이 실은 '나'에 대한 허상일 뿐이라는 얘기다. 아기는 자기에 대한 이미지를 중심으로 '나'를 만들어간다. 이렇게 허상을 통해 자신을 꾸려가는 과정을 라캉은 '거울단계'라고 부른다.

'나'는 실체가 아닌 이미지에 지나지 않는다. SNS상에 저마다 내건 프로필 사진(프사)을 예로 들어보자. 프사 속 인물은 하나같이 잘생기고 예쁘다. 이 속에서 그려지는 생활 또한 부러움을 자아낼 만큼 훌륭하다. 그러나 이 모습이 진짜 '나'일까?

사람은 자신을 직접 보지 못한다. 거울을 통해서만 비로소 볼 수 있다. 내가 어떤 인간인지 역시 스스로 알기는 어렵다. 나에 대한 다른 이들의 평가를 들으며 자기가 어떤 사람인지를 알아간다. 예컨대 나에 대해 좋은 말이 많이 들린다면, 나는 꽤 괜찮은 인물로 생각된다. 나를 둘러싼 뒷담화가 많다면, 나는 형편없는 인간인 듯싶어 주눅 들곤 한다. 우리가 다른 이들에게 좋은 평가를 받기 위해 아득바득하는 이유다.

이렇게 보자면 '나' 속에는 언제나 다른 이들의 시선과 평가가 담겨 있다. 아기라면 더더욱 이럴 듯싶다. 그래서 아기는 엄마의 욕망을 욕망한다. 엄마가 원하는 대로 하면 엄마는 방긋 웃으며 나를 예뻐해준다. 그러면 자기가 가치 있고 소중한 존재로 여겨진다. 엄마가 싫어하는 행동을 해서 야단맞으면? 자신이 못되고 형편없는 존재로 느껴질 테다. 그래서 아이는 거울을 보듯, 엄마의 욕망에 비친 자

6~18개월 사이의 아기는 거울에 비친 모습을 보며 '나'를 인식하지만, 그것은 자신의 이미지일 뿐 실제 자기 자신이 아님을 라캉은 지적한다.

신을 보며 '나'를 만들어간다. 한마디로 '나'란 엄마의 욕망, 타인의 욕망이 빚어낸 상상의 것에 지나지 않는다. 라캉이 거울단계를 '상상계'라고 부르는 까닭이다.

상징계, 세상의 욕망을 욕망하다

거울단계는 아버지의 등장으로 끝을 맺는다. 여기서 '아버지'란 생물학적 아버지가 아니라, 세상의 권위와 질서를 의미한다. 거울단계에서 아이는 엄마의 욕망을 바라보며 자기를 만들어갔다. 다음 수순으로 아이는 세상을 지배하는 상징들의 질서로 들어간다. '아버지의 이름Name of the Father'으로 꾸려진 이른바 '상징계'다.

세상은 이미 언어와 상징으로 잘 짜여 있다. 그 속에서 아이는 세상의 욕망을 욕망하게 된다. 내가 무엇을 바라야 할지, 어떤 욕망을 품어야 하는지가 이미 정해져 있다는 의미다. 예컨대 이름이 주어지고 누군가의 자식으로 소개된다면 어떨까? 아이에게는 이미 마땅히 해야 하는 일들이 정해져 있다. 부모님 말씀을 잘 듣고, 친구들과 잘 지내야 한다는 식의 규칙들이 주어진다는 뜻이다. 좋은 아이로 인정과 대접을 받으려면 이 규칙들을 이루고 싶다는 욕망을 품고서 노력해야 한다.

훌륭한 학생이 되는 일도 다르지 않다. 세상에는 학생으로 마땅히 이루어야 할 성적과 성품이 이미 정해져 있다. 이를 욕망하며 잘 이루어낼 때 높은 평가를 받는다. 직장인으로서, 부모로서 사는 일도 마찬가지다. '나'는 언어와 상징으로 짜인 세상이 바라는 바를 욕망하며 살아간다. 상징계에서 '나'의 욕망은 사실 내 욕망이 아니다. 타인의 욕망을 욕망하고 있을 뿐이다.

나아가 세상은 '욕망하지 말아야 할 것, 하지 말아야 할 일'도 숱하게 만들어놓았다. 상징계는 '쾌락원리'가 지배하는 곳이다. 이는 쾌락을 좇고 고통을 피하려는 마음을 일컫는다. 세상이 허락하는 욕망을 따르고, 금지하는 바람은 멀리한다면 꽤 좋은 인생을 살게 될 듯싶다.

진짜 욕망은 실재계를 꿈꾼다

문제는 상징계 속에서 욕망을 아무리 채운다 해도, 뭐라 설명하기 어려운 마음의 헛헛함은 사라지지 않는다는 데 있다. 원하는 성적을 받고 바라던 학교에 간 뒤, 우러름을 받는 자리에 오르면 나는 과연 행복할까? 그 순간은 기쁘겠지만, 갈망이 다시 피어난다. 돈을 간절히 원하는 사람은 많은 부富를 움켜쥔 뒤에도 여전히 돈에 목말라하지 않던가. 이들이 더 많은 재산을 긁어모은다고 한들 욕망이 수그러들까?

최고의 자리를 꿈꾸는 이들도 다르지 않다. 어떤 위치에 오르건 그 이상을 바라고 또 바란다. 상징계 속의 욕망은 반복되어 거듭 나타날 뿐, 좀처럼 채워지기 어렵다. 때로는 목적이 사라졌다는 공허함에 한동안 헤매게 되는 경우도 흔하다. 왜 그럴까?

상징계 속에서 품은 욕망은 내가 바란 것이 아니라, 세상과 타인의 욕망에 지나지 않기 때문이다. 타인이 바라는 바를 아무리 잘 이룬다고 해도 내 안의 '진짜' 욕망이 채워질 리 없다. 그래서 우리는 정해진 틀에서 자꾸만 벗어나려 한다. 우리가 허락되지 않은 욕망, 세상이 금지한 욕망을 꿈꾸는 이유다. 진짜 욕망은 언어와 상징으로 그려내기 어려운 바깥에 있다. 자크 라캉은 이것을 채울 때 느끼는 즐거움을 '주이상스jouissance'라고 부른다. 주이상스를 향한 갈망은 때론 쾌락원리까지도 무너뜨린다. 처벌이나 죽음을 무릅쓰고도 욕망을 이루기 위해 나선다는 의미다.

상징계는 언어와 상징으로 이루어져 있다. 반면에 세상엔 언어로

궁정풍 연애에서 기사의 사랑은 현실의 귀부인을 향한 것이 아니다. 귀부인이 상징하는, 고귀하고 숭고한 '그 무엇'을 향한 욕망이다.

잡아내지 못하는 영역들이 있다. 이를 라캉은 '실재계'라 부른다. 그는 궁정풍 연애courtly love를 예로 든다. 궁정풍 연애란 옛이야기에 등장하는 귀부인에 대한 기사들의 사랑을 일컫는다. 기사들은 고귀한 여인을 흠모한다. 그러나 이 사랑은 이루어질 수 없다. 여인은 이미 왕이나 귀족의 아내이기 때문이다. 그럼에도 기사는 사랑하는 마음을 아름답게 간직한다. 전투에 나설 때 귀부인의 손수건을 가슴에 품고 나가기도 한다.

만약 이 사랑이 이루어진다면 어떨까? 아름다운 궁정풍 연애는 흔한 불륜과 치정의 이야기가 되어버릴 뿐이다. 사실 기사가 진짜 사랑한 것은 현실의 귀부인이 아니다. 귀부인이 상징하는, 다다르지는 못해도 내 마음이 간절하게 바라는 고귀하고 숭고한 '그 무엇'이 진짜 사랑의 대상이다. 이는 말로 표현하기는 어려워도 진실로 절절한 '내 욕망'이다. 바로 그것이 실재계를 향한 진정한 자기 욕망이다. 기사는 현실의 귀부인을 통해 진정 자신이 바라는 욕망을 '승화sublimation'해서 좇고 있을 따름이다.

예술 활동도 마찬가지다. 예술가들은 작품 속에서 윤리와 규범을 가볍게 넘어서곤 한다. 그들은 세상이 바라야 한다고 정해놓은 욕망을 뛰어넘는다. 훌륭한 예술작품이라면 설사 비도덕적이라는 비판을 받는다고 해도, 가슴을 울리는 그 무엇이 담겨 있다. 실재계에 있는 진정한 욕망을 건드리는 덕분이다.

라캉은 우리의 진짜 욕망이 향하는 대상을 가리켜, 뭐라 이름 붙이기 어렵다는 뜻에서 '대상 a', 즉 'object a'라고 부른다. "타인의 욕망을 무작정 따르지 마라. 마음에 귀 기울이며 진정한 욕망을 좇아라." 라캉의 주장은 이렇게 정리될 듯싶다.

증상에 귀를 기울여야 하는 이유

하지만 인간은 상징계를 넘어설 수 없다. 넘어서는 순간 '정신질환자'가 되어버리기 때문이다. 정신질환자는 세상의 질서를 무시한다. 자기 상상과 욕망에 따라 멋대로 움직인다. 이런 처지에서는 제대로 생활하기조차 어렵다. 자크 라캉은 상징계를 넘어서 실재계를 욕망해야 하지만, 실재계는 상징계를 통해서만 제대로 바랄 수 있다는 점도 분명히 한다.

인간은 사회생활을 시작하는 순간부터 언어와 상징으로 짜인 타인의 욕구 속에 들어와 있다. 그 때문에 이 바깥으로 나갈 수 없다. 언어로 짜인, 자신을 옥죄는 타인의 욕망들로부터 벗어나기를 그저 꿈꿀 따름이다.

정신과 의사로서 라캉은 단순히 치료를 목적으로 하지 않았다. 오히려 그는 환자들에게 자기 증상에 귀 기울이라고 충고했다. 일상이 무기력하고 허무하다는 생각이 사라지지 않는가? 뭔가 채워지지 않는 답답함이 있는가? 꼭 무엇을 해야 할 것 같은 조급함이 드는가? 이런 경우에는 빨리 기력을 회복해서 현실에 잘 적응하며 '좋은 사회인'으로 거듭나는 것만이 정답은 아니다. 단지 세상이 바란다는 이유로 내가 진정 원하지 않는 욕망을 무작정 좇고 있지 않은지부터 점검해야 옳다.

네 욕망을 포기하지 마라

세상은 온갖 욕망으로 넘쳐난다. 멋진 자동차, 훌륭한 외모, 재치 있는 말솜씨와 큰 인기 등등. 끊임없이 부러움을 불러일으키며 내가 욕망하도록 이끄는 것이 하나둘이 아니다. 그러나 '이 모두를 나는 원하지 않는다!'라고 외칠 때, 새로운 가능성이 열린다. 세상 욕망을 따르며 그것을 이루기 위해 애쓸 때, 우리는 장기판에 놓인 말처럼 움직일 뿐이다. 반면에 자신의 진정한 욕망을 바라보며 이를 찾으려 몸

부림칠 때, 예전엔 미처 보이지 않던 인생의 변화가 꿈틀거리기 시작한다.

합리적이지 않다는 이유로, 도덕적이지 못하다는 이유로 욕망을 섣불리 덮어버리고 억누를 필요는 없다. 잘 길든 가축은 편안하게 살 수 있다. 그러나 거기까지다. 가축은 절대적 자유가 주는 위대한 행복을 느낄 수 없다.

사회가 점점 정체되고 가라앉는 듯한 요즘이다. 사회가 바라는 대로 잘 길든 욕망으로는 이런 현실을 뚫고 나가기 어렵다. 내 안에서 꿈틀거리는 진짜 욕망에 귀 기울이고 이를 실현하려 노력할 때, 나와 세상은 좀 더 나은 모습으로 바뀔 가능성을 찾게 될 것이다. 합리적이지 않다고 해서 내 욕망을 섣불리 내려놓아서는 안 되는 이유가 여기에 있다.

욕망 탐색

통증은 내 몸에 문제가 있음을 깨닫게 한다. 마찬가지로 마음의 불편함은 내 안에 해결되지 못한 문제가 있음을 알게 해준다. 나는 어떤 광경을 볼 때 초조하고 불안해지는가? 남들은 대수롭지 않게 여겨도, 나로서는 머리끝까지 화가 나는 일에는 무엇이 있는가? 해법은 문제를 외면하지 않고 바라볼 때 열린다. 라캉이 설명하는 말할 수는 없지만 내 마음을 끄는 '대상 a'에 다다르는 길은, 예민하게 내 마음의 통점痛點을 건드리는 그 무엇을 진지하게 찾는 데에도 있지 않을까?

모방된 욕망이 낳은 비극,
희생양

르네 지라르

인간은 다른 이들의 욕망을 욕망한다

튤립의 가치는 하늘 높이 치솟았다. 심지어 '셈페르 아우구스투스Sem-
per Augustus'라는 이름의 줄무늬 튤립은 한 줄기 가격이 무려 1만 길더
(네덜란드의 옛 화폐단위)까지 나갔다. 이는 최신식 물길과 길이 250미터
정원이 있는 저택을 살 만큼 큰돈이었다.

사람들은 '영끌(영혼까지 끌어모음)'을 해서라도 돈을 모아 튤립에 투
자했다. 튤립값이 계속 올랐기 때문이다. 되팔면 엄청난 이익이 남을
터였다. 하지만 1637년 2월이 지나자 튤립값이 갑자기 내려갔다. 그
러자 사람들은 겁에 질려 너도나도 튤립을 팔아치웠다. 마침내 튤립
가격은 양팟값만도 못한 지경에 이르고 말았다. 그 가운데 숱한 사람

17세기 네덜란드에서 벌어진 튤립 파동은 역사상 최초의 자본주의적 투기로 기록되고 있다. 튤립 투기자들을 멍청한 원숭이에 빗대 풍자한 얀 브뤼헐 2세의 그림.

이 재산을 잃고 나락으로 추락했다. 경제사에 등장하는 '17세기 네덜란드 튤립 파동'의 전말이다.

사실 튤립은 한낱 꽃에 지나지 않는다. 그런데 왜 금만큼 비싸게 거래됐을까? 나아가 왜 가격이 하루아침에 바닥까지 떨어져버렸을까? 설명하기는 어렵지 않다. 튤립이 비쌌던 까닭은 많은 사람이 원했기 때문이다. 가치가 떨어진 이유 또한 분명하다. 더 이상 사람들이 튤립을 바라지 않은 탓이다.

이런 모습은 우리 현실에서도 숱하게 반복된다. 증권시장만 해도 그렇다. 너도나도 사려고 하는 주식에는 많은 돈이 몰려든다. 팔려는 이들이 갑자기 늘어나면, 그 사실 자체가 주가가 급락하는 이유가 되어버린다. 연예인들의 인기도 다르지 않다. 많은 사람이 좋아한다는 사실 자체가 더 많이 사랑받는 이유가 되지 않던가.

"인간은 다른 이들이 바라는 것을 욕망한다." 프랑스 출신의 철학자 르네 지라르René Girard가 한결같이 외치던 주장이다. 그에 따르면, 가치는 물건이나 사람에 달려 있지 않다. 오히려 '세상이 원하는지 그렇지 않은지'가 '소중한지 아닌지'를 가늠하는 잣대가 된다. 나아가 온갖 다툼과 갈등은 사람들이 상대의 욕망을 흉내 내며 서로 비슷해지는 가운데 일어난다. 도대체 지라르는 무슨 말을 하려는 것일까?

형이상학적 욕망

르네 지라르는 '욕구'와 '욕망'을 나눈다. 욕구는 본능이다. 내 안에서 자연스럽게 생겨난다는 뜻이다. 배고프면 먹고 싶고, 졸리면 자고 싶어지는 식이다. 반면에 욕망은 내 것이 아니다. 이는 사회적으로 내게 심어진 것이다. 멋진 스포츠카나 비싼 가방을 갖고 싶은 이유는 무엇일까? 다른 사람들도 똑같이 원하기 때문이다. 우리는 다른 사람들의 욕망을 욕망한다. 이런 원리를 '욕망의 모방 이론'이라고 불러도 좋겠다.

게다가 세상이 바라는 것을 차지한다면 주변의 부러움도 사게 될 테다. 나를 우러르는 사람들의 시선은 내 마음을 뿌듯하고 즐겁게 한다. 좋은 학교에 가고 높은 자리에 오르고픈 바람도 마찬가지다. 그렇게만 된다면 사람들의 관심과 사랑을 한 몸에 받을 듯싶다. 그래서 우리는 치열하게 노력한다.

"남들이 원하는 것을 차지하라. 그러면 더 나은 사람으로 여겨질 것이다." 이는 사회에 뿌리내린 성공 공식이라 할 만하다. 지라르에 따르면, 우리가 진짜 바라는 것은 '원하는 대상physics' 자체가 아니다. 진짜 바라는 것은 '원하는 대상을 넘어선meta-physics' 곳에 있다. 이를 차지함으로써 더 훌륭한 존재로 보이길 바라는 것이 인간의 진짜 욕망이다. 지라르는 이를 '형이상학적 욕망'이라고 부른다.

욕망은 전염된다

문제는 나와 똑같은 욕망을 품은 사람이 한둘이 아니라는 점에 있다. 예컨대 좋은 학교에 가고 싶어 하는 자가 주변에 많을수록, 진학을 향한 나의 열망 또한 절실해진다. 원래 공부할 생각이 별로 없었어도, 좋은 성적을 원하는 학생들 사이에 있다 보면 높은 등수를 향한 바람이 나에게도 피어나는 법이다. 이렇듯 인간의 마음은 거울처럼 타인의 욕망을 그대로 흉내 내며 자기 것으로 만드는 메커니즘에 따라 움직인다. 더 좋은 집에 대한 욕망, 멋진 배우자를 만나고픈 갈망, 권력에 대한 집착도 다르지 않다. 내 안에 뿌리내린 욕망은 모두 다른 이들로부터 '전염'된 것이다.

하지만 모든 사람이 자기가 원하는 것을 차지할 수는 없다. 그 때문에 우리는 치열하게 경쟁한다. 그 가운데 질투와 시기, 미움도 피어날 테다. 이 점에서 '싸우면서 닮아간다'는 말은 진리다. 경쟁자를 볼 때 나와 비슷한 모습은 눈에 들어오지 않는다. 절박하지 않은 탓이다. 반면에 나보다 뛰어난 점들은 크게 다가온다. 뒤처지지 않으려면 상대방처럼 해야 하는 까닭이다. 서로가 서로의 좋은 점, 뛰어난 점을 베끼고 흉내 내면서 경쟁자들의 처지와 모습은 점점 비슷해진다. 그럴수록 경쟁 또한 더욱 치열해진다.

어느덧 나와 같은 것을 욕망하는 자들은 내게 극복해야 할 장애물로 여겨진다. 그들에 대한 미움 또한 극에 달할 테다. '욕심 많고 이기적이며, 제 뜻을 이루기 위해서는 온갖 나쁜 짓도 할 놈들'이라는 식으로 경쟁자들을 몰아붙인다. 논리는 결국 '저들은 이 땅에서 없어져야 마땅할 사악한 존재'라는 결론으로까지 흘러가버린다. 경쟁자들 역시 나를 비슷하게 생각한다. 그러면서 세상은 마침내 갈등과 폭력으로 가득 찬다. 이런 광경은 정치나 경제, 외교 등 거의 모든 분야에서 비슷하게 벌어지곤 한다.

희생양 메커니즘

서로에 대한 미움, 상대를 없애고픈 마음이 가득한 상황에서 사회가 제대로 굴러갈 리 없다. 그래서 인류 문명은 폭력이 사회를 무너뜨리는 지경까지 이르지 않도록 교묘한 장치를 만들어냈다. 르네 지라르는 이를 '희생양 메커니즘'이라 부른다. 좀 더 자세히 살펴보자.

"현실이 이토록 엉망이 된 것은 우리 때문이 아니다. 사악하고 더러운 X 탓이다." 희생양 메커니즘에 따르면 이런 논리로 모든 질투와 원망, 분노를 대상 하나에게 쏟아붓는다. 자기 이익만 챙기려는 부도

우리는 이루지 못할 욕망에서 생긴 분노와 스트레
스를 누구 하나, 즉 '희생양'에게 쏟아부어 사회적
갈등을 잠재우려 한다.

덕한 권력자 탓에 집값이 천정부지로 올랐다는 식의 비난을 떠올려 보라. 항상 제 자식만 챙기려는, 가진 사람들이 자기에게 유리하도록 정책을 바꾸었기에 입시 제도가 불공정하다고 목소리를 높이는 자들은 또 어떤가.

하지만 그런 비난 속엔 손가락질하는 사람 자신의 욕망이 오롯이 담겨 있다. 자기들도 여건만 되면 비싼 집에서 살려고 할 테다. 욕하는 사람 자신도 기회가 된다면 편법을 써서라도 명문 학교에 자녀를 입학시키려고 할 것이다. 하지만 사람들은 자기 욕심을 결코 인정하는 법이 없다. 모두가 나는 안 그렇지만 '저 인간만 저런 추한 욕망을 품고 있어서 세상을 엉망으로 만들었다'라는 식으로 한 사람을 비난한다.

이때만큼은 경쟁하던 사람 모두가 '내로남불'의 논리로 한마음이 된다. 비판받는 자에 견주어 자기를 깨끗하고 올곧은, '성스러운' 존재로 여기기 때문이다. 이런 과정이 바로 '희생양 메커니즘'이다. 이루지 못할 욕망에서 생긴 분노를 누구 하나에게 쏟아부어 갈등을 잠재우는 식이다.

그렇다면 비난을 받는 자들은 누구일까? 지라르는 '사회는 결코 복수하지 못할 자들을 희생양으로 삼는다'라고 설명한다. 아돌프 히틀러Adolf Hitler는 유대인과 집시가 세상을 망친 무리라며 격렬히 공격했다. 우리 일자리를 뺏는다며 외국인 노동자를 혐오하는 목소리도 다르지 않다. 이렇듯 약자들은 쉽게 희생양이 되곤 한다.

권력자 역시 희생양이 되기 일쑤다. 민주주의 사회에서는 단순히 자신을 비난한다는 이유로 시민을 탄압할 순 없다. 독재국가에서는 무너진 지도자에게 온갖 욕설과 공격이 쏟아진다. 힘을 잃은 옛 권력자는 복수하기가 힘들기 때문이다.

정의로운 폭력이란 없다

르네 지라르는 희생양에게 쏟아지는 공격이 모든 사회의 기초에 자리 잡고 있다고 말한다. 이를 사회의 토대를 만드는 폭력, 즉 '초석적 폭력violence fondatrice'이라고 부른다. 정도의 차이만 있을 뿐, 채워지지 않는 욕망과 경쟁에서 오는 스트레스와 분노를 누군가에게 퍼붓는 장치는 어느 사회에나 존재한다. 이것이 없다면 사람들은 격렬히 싸우고, 그러면서 사회가 깨져버리기 때문이다.

지라르는 희생양 메커니즘이 작동하려면 '만장일치'가 중요하다고 말한다. 모두가 세상이 망가진 책임이 '그 작자(혹은 단체)'에게 있다고 믿어야 한다는 의미다. 그래야 죄책감 없이 자신의 숨은 욕망과 부끄러움을 희생양에게 모두 넘겨버리지 않겠는가.

하지만 지라르는 희생양에 대한 폭력은 결코 정당하지 않다고 잘라 말한다. 희생양을 만들어 일시적으로 사회에 가득한 갈등과 분노를 잠재울 수는 있다. 그러나 이런 평온함이 오래갈 리는 없다. 서로의 욕망을 모방하며 경쟁하는 상황 자체는 바뀌지 않는다. 따라서 시간이 지나면 또다시 희생양이 필요하다.

희생양 메커니즘은 인류 역사에서 끊임없이 거듭되는 사회 안정을

희생양 메커니즘은 인류 역사에서 거듭되는 사회 안정을 위한 폭력이다. 중세부터 근대 초기에 이르기까지 종교를 빌미로 기득권과 권력을 유지하기 위해 자행된 마녀재판 역시 희생양 메커니즘에 기인한다.

위한 폭력이다. 세상은 희생양에게 가해지는 공격을 '성스러운 것'으로 여긴다. 사악한 폭력을 누르는, 정의롭고 선한 폭력으로 생각한다는 뜻이다.

지라르는 사람들에게 스스로를 속이지 말라며 눈을 부릅뜬다. 잘못은 희생양에게 있지 않다. 내 안에 있는 욕망, 그리고 경쟁에서 오는 질투와 시기, 원한과 복수에 대한 갈망이 문제의 뿌리다. 이를 인정하지 않을 때, 사회는 끝없이 누군가에 대한 폭력을 거듭할 수밖에 없다. 이 가운데 힘없는 자들은 사정없이 짓밟힌다. 그렇다면 폭력의 악순환에서 벗어나려면 어떻게 해야 할까?

폭력의 악순환에서 벗어나는 길

르네 지라르는 해법이 '다른 사람의 욕망을 베껴 자기 것으로 만드는 인간의 특징'에 있다고 충고한다. 새치기하는 사람이 많은 곳에 있으면 나도 그렇게 하고 싶어진다. 모두 차분하게 줄을 서서 기다리는 곳에 가면 어떨까? 나 역시 그런 분위기를 따라가게 된다.

지라르는 《성경》을 예로 들며 폭력에서 벗어나는 길을 설명한다. 하지만 굳이 그의 입장을 종교적으로 해석할 필요는 없을 듯싶다. 같은 욕망을 두고 누군가와 경쟁하는 상황을 떠올려보라. 이때 꼭 상대방이나 더 치열하고 교활한 방식을 쓰는 자들을 따라 할 필요는 없다.

'공자라면 이런 상황에서 어떻게 했을까?', '예수그리스도라면 이럴 때 어떻게 처신했을까?', '석가모니라면 어떻게 하라고 말했을까?'라고 자신에게 되물어보라. 성인군자의 욕망을 '모방'하라는 뜻이다. 인간은 다른 사람이 원하는 것을 바라게 되는 존재다. 욕망을 모방하는 일 자체는 전혀 나쁘지 않다. 모방이 없다면 문명도 불가능하다.

소는 풀만 먹고 호랑이는 짐승의 고기만 먹는다. 타고난 욕구대로만 살아가는 탓이다. 반면에 인간은 다른 이의 욕망을 흉내 내며 새로운 갈망을 품곤 한다. 다른 이들의 욕구들을 베끼지 않고 타고난 욕구로만 살았다면, 인간은 여느 짐승과 전혀 다르지 않았을 것이다.

지라르는 '아마(사탄)'란 다른 이들의 욕망을 욕망하며 끝없는 갈등과 폭력으로 빠져드는 모방 메커니즘 자체라고 말한다. 인간 자체가 악한 것이 아니라, 같은 욕망의 대상을 놓고 경쟁하는 상황이 인간을 사악하게 만든다는 의미다. 그렇다면 인류 사회를 평화와 사랑으로 이끌 방법은 무엇일까? 이 또한 인간의 모방 메커니즘에 답이 있다. 지금의 문명은, 그리고 나 자신은 누구의 욕망을 꿈꾸며 닮아가고 있는지 반성해볼 일이다.

욕망 탐색

독수리와 고래가 싸울 일은 없다. 사는 곳이 다르고, 찾는 먹이도 다르기 때문이다. 갈등은 언제나 같은 욕망을 품고 있는 자들 사이에서 불거진다. 어떤 사람이 심각할 정도로 밉고 싫다면, 그이의 바람과 나의 욕구가 같기 때문일 가능성이 크다. 히틀러는 유대인들을 가리켜 "욕심 많고 거짓말 잘하며 세계 정복을 품고 있는 자들"이라며 비난했다. 사실, 이는 그 자신을 설명하는 말이다. 적을 향한 증오에서 나의 모습을 바라보라. 적이 좋은 사람으로 거듭나려면 무엇이 달라져야 하는가? 이 물음의 주어를 '적'에서 '나'로 바꾸어 스스로에게 되물어보자.

원인 말고
목적을 보라

알프레트 아들러

우리에게는 스스로 운명을 만들 능력이 있다

오스트리아의 심리학자 알프레트 아들러Alfred Adler는 잔병치레가 잦았다. 키도 150센티미터 남짓이었다. 일곱 형제 가운데 둘째로 태어난 그는 어릴 적 뛰어난 형에 가려져 존재감이 약했고, 공부도 신통치 않아 초등학교 때는 낙제하기도 했다. 하지만 아들러는 결국 우수한 성적으로 빈대학 의학부에 진학했고, 25세에 의사가 되었다. 이후 내과와 안과를 거쳐서 최고의 정신과 전문의로 거듭났다. 말년에 그는 당대 최고의 심리학자로 인정받았으며, 강사료를 가장 많이 받는 강연자가 되었다.

아들러는 '인간은 처한 환경이나 과거 상처의 희생자가 아니다. 우리에게는 스스로 운명을 만들어갈 능력이 있다'라고 힘주어 말하곤 했다. 그는 자기 삶 자체로 이 말이 옳음을 증명한 셈이다. 아들러의 이름 앞에는 '용기를 주는 심리학자'라는 말이 따라붙는다. 지금도 그의 이야기는 사람들 사이에서 인기가 많다.

목적을 봐야 하는 이유

알프레트 아들러는 숱하게 강연했다. 그리고 수많은 글을 남겼다. 하지만 그 주장의 핵심을 간추리기는 쉽지 않다. 아들러는 자신의 이론을 섬세하게 다듬기보다, 사람들이 실제로 자기 가르침을 실천하면서 더 나은 방향으로 변화하는 데 힘을 쏟았던 탓이다. 아들러의 생각은 체계적인 설명보다, 그를 둘러싼 여러 이야기 속에서 더 잘 드러난다.

아들러는 어느 날 아는 부인의 집에 초대받았다. 부인과 차를 마시고 집에 들어선 순간, 집 안은 엉망진창이었다. 부인의 어린 아들이 장난감을 모조리 꺼내 거실 바닥에 늘어놓은 것이다. 당황한 부인이 아들을 야단치려 하자 아들러가 나서서 부인을 말렸다. 그러곤 아이에게 이렇게 말했다. "장난감을 이렇게 모두 꺼내서 펼쳐놓다니, 너 참 대단하구나. 아주 멋져! 그렇다면 이것들을 전부 모아 원래 있던 곳으로 가져갈 수 있니? 정말 기대되는데!" 그러자 아이는 신나서 정리를 시작했다. 아이는 혼나지 않았고, 부인은 화를 내지 않았으며, 거실 역시 순식간에 말끔해졌다.

오스트리아 빈에 있는 알프레트 아들러의 출생지.

아들러는 '원인 말고 목적을 보라'고 강조한다. 만약 부인이 '왜 어
지럽혔지?'라며 원인과 이유에 매달렸다면 어땠을까? 부인은 아들
을 다그치며 혼냈을 것이다. 하지만 거실은 여전히 정리되지 못했을
테고, 아이 역시 자신이 말썽꾸러기임을 되새겼을 것이다. 그 당시
심리 치료 방법이 이런 식이었다. 의사들은 환자 마음에 문제가 생
긴 '원인'을 파고들었다. 이렇게 해선 사람들이 과거의 상처와 잘못
에 더 매달리게 될 뿐이다. 이유가 뚜렷해질수록 자기 처지가 누구(무
엇) 탓에 이렇게 됐다는 원망만 커질지도 모른다. 중요한 것은 과거가
아니라 미래다. 더 나은 삶을 살기 위해서는 목적을 바라보며 일상을
가꿔야 한다. 이렇게 살려면 우린 어떻게 해야 할까?

알고 있지만 그만둘 수 없다는 거짓말

"담배가 몸에 나쁘다는 사실은 잘 알고 있어요. 하지만 끊을 수가 없네요." 주변에서 흔히 들을 법한 하소연이다. 자기도 안 좋다고 생각하지만, 어쩔 수 없이 또 하게 된다는 말이다. 알프레트 아들러는 이런 말에 결연히 고개를 젓는다. 차의 브레이크와 액셀을 동시에 밟았다고 생각해보라. 그래도 차는 앞으로 밀려 나간다. '알고 있지만 그만둘 수 없다'라는 푸념은, 사실은 하고 싶다는 말에 지나지 않는다. 그래서 아들러는 갖은 변명을 제쳐버리고 단도직입적으로 묻는다. "정말 하고픈 게 뭡니까?"

그는 자신의 이론을 '개인심리학individual psychology'이라고 부른다. 욕망과 생각, 느낌은 제각각 움직이지 않는다. 이 모두는 하나의 목적을 향해 움직인다. 따라서 한 사람을 제대로 들여다보기 위해서는 이들을 따로따로 다뤄서는 안 된다. '한 명의 개인'으로 함께 바라봐야 한다.

나아가 우리의 모든 행동에는 '목적'이 있다. 목적을 제대로 짚으면 왜 그렇게 처신하는지를 비로소 알게 된다. 예컨대 동생을 때리는 형이 있다고 해보자. 동생을 왜 때릴까? 발로 차는 일이 즐거워서일까? 특별한 경우가 아니라면 그럴 리는 없다. 동생에게 화가 났다는 사실을 드러내어, 부모님이 이를 깨닫고 자기에게 관심을 기울이길 바라는 것이다. 마음을 찬찬히 훑으며 진짜 '목적'을 짚어낸다면, 형은 더 이상 손찌검하지 않게 된다. 자신의 속상한 마음을 털어놓으며 바라는 바를 직접 동생과 부모님에게 말하면 되는 까닭이다.

아들러에 따르면, 분노는 '2차 감정'에 지나지 않는다. "왜 늦게 와!" 라는 부모님의 성화엔 '네가 안 와서 걱정했어'라는 염려가 숨어 있다. "왜 일을 이런 식으로 해?"라는 동료의 책망에는 '내가 너에게 신경 썼다는 사실을 알아줬으면 좋겠어'라는 인정 욕구가 숨어 있을지도 모른다. 제대로 관계를 풀어가며 생활을 가꾸고 싶다면, 내 바람과 상대의 처신에 담긴 진짜 목적을 헤아릴 줄 알아야 한다. 스스로를 망치고픈 사람은 없다. 겉으로는 이상해 보이고 이해가 안 된다 해도, 모든 행동 뒤에는 나름의 목적이 숨어 있다.

열등감과 열등 콤플렉스의 차이

알프레트 아들러는 좋은지 나쁜지, 옳은지 그른지의 자기 잣대로 세상을 바라보지 말라고 충고한다. 실제로 나와 상대가 어떻게 느끼고 받아들이는지도 중요하기 때문이다. 이를 '사적 감각private sense'이라고 한다. 예컨대 나는 상대방의 불같은 성미가 싫을 수도 있다. 이때 그 성미를 '잘못된 성격'이라고 판단하면 관계는 틀어진다. 상대의 문제를 지적하며 고치려 드는 탓이다. '옳고 그름' 말고 '유용한지 그렇지 않은지useful or unuseful'를 기준으로 바라보면 상대방을 향한 사나운 눈길이 부드러워질 데다.

그런데 불같이 급한 성품이 꼭 나쁘기만 할까? 결단을 내리지 못해 주저하는 이가 많은 상황에선 이런 성격이 되레 '유용'하다. 마찬가지로 온순한 성격도 꼭 좋지만은 않다. 맺고 끊음을 못해서 어려움을 겪을 수도 있는 까닭이다. 이렇듯 감정이나 성품은 그 자체로는 옳지도 그르지도 않다. 그러니 이를 유용한 방향으로 이끌도록 노력해야 한다.

아들러는 열등감도 공들여 설명한다. '열등성'은 누가 보더라도 뒤떨어지거나 부족한 측면이다. 그런데 '열등감'은 스스로 충분치 않다고 느껴 주눅 든 감정일 뿐이다. 자기가 못났다고 느끼는 감정은 절대 나쁘지 않다. 오히려 '건강하고 정상적인 노력과 성장을 불러일으키는 자극'이다. 자신이 부족하다고 느껴야 나아지려고 애를 쓰지 않겠는가. 실력이 탁월한 이들이 자기보다 더 뛰어난 자들을 보며 한숨 쉬는 모습을 떠올려보라.

반면에 '열등 콤플렉스'는 좋지 않다. 이는 핑계와 신세 한탄으로 우리를 이끄는 탓이다. 자기는 머리가 나빠서, 집안 형편이 좋지 못

해서, 신체적으로 우수하지 않기에 할 수 없다며 아예 시도조차 하지 않으려는 태도가 이러하다.

아들러에 따르면, 인간에게는 '우월성 추구'의 욕망이 있다. 누구에게나 더 나은 사람이 되고, 돋보

알프레트 아들러는 인간의 욕망과 생각, 느낌이 어떤 목적을 향해 움직이는지 통합적으로 바라봐야 한다는 '개인심리학'을 주창했다. 1925년 독일의 개인심리학자 레온하르트 사이프와 함께.

이는 인물이 되고픈 마음이 있다는 뜻이다. 인정과 사랑을 받고픈 바람은 본능과도 같다. 그러나 '우월 콤플렉스'가 자신이 좋은 사람이 되지 못하게끔 발목을 잡는 경우도 드물지 않다. 근거 없는 자부심에 휩싸여 마땅히 쏟아야 할 노력을 하찮게 여기는 콧대 높은 이들이 여기에 해당하겠다.

일, 관계, 사랑, 그리고 공동체 의식

그렇다면 나의 감정을 유용한 쪽으로 이끌려면 어떻게 해야 할까? 알프레트 아들러는 인생에는 세 가지 과업이 있다고 설명한다. 일, 관계, 사랑이다. 자기 일을 제대로 못하는데 삶이 만족스럽기는 어렵다. 주변 사람들과 사이가 좋지 않을 때 일상은 외롭고 불안하다. 가족과 연인처럼 살가운 사이가 없는 경우에도 마음속 헛헛함이 채워지지 않는다. 따라서 우리는 이 셋 모두를 평생에 걸쳐 튼실하게 가꿔야 한다.

반면에 일에서 성공을 거두고, 관계도 무난하게 좋으며, 사랑하는 사람이 있어도 생활이 무너지는 때가 있다. 법을 어기고 남들을 괴롭히면서 자기와 주변 사람들만 챙기는 이들이 그렇다. 아들러에 따르면 그들은 결국 행복한, 제대로 된 삶을 이루지 못하고 무너지고 만다. 이들의 처신이 공동체에 이롭지 않기 때문이다.

아들러는 일과 관계, 사랑이라는 과업 모두 사람 사이에서 벌어진다는 사실을 짚어낸다. 우리는 지구가 빠른 속도로 돌고 있음에도 이를 느끼지 못한다. 마찬가지로 인간의 삶은 원래 좋은 공동체로 나아가도록 설계되어 있지만 이를 알아채지 못할 뿐이다.

범죄자와 알코올의존자 등의 생활이 결국 나락으로 떨어지는 이유도 여기에 있다. 이들의 삶은 결코 공동체에 이롭지 않다. 그래서 아들러는 '공동체 의식(소속감, 공헌감, 신뢰감 등)'을 자신이 제대로 살고 있는지를 가늠하는 척도로 삼으라고 말한다. 나의 행동과 처신이 더 나은 공동체를 만드는 데 도움이 되는지를 한결같이 점검하라는 뜻이다. 《심리학이란 무엇인가》(1931)에 나오는 아들러의 말을 직접 들어보자.

> "우월성의 추구는 인간 모두에게 동기를 준다. (중략) 하지만 우월성을 좇으면서도 다른 모든 이들을 풍요롭게 하고, 타인에게 유리한 방법으로 전진하는 사람만이 맞닥친 인생의 과제를 진정 극복하며 나아갈 수 있다."

이번 생은 정말 끝났을까?

이제 자신에게 물어보자. 나는 과연 공동체를 더 낫게 만드는 훌륭한 삶을 살고 있을까? 이 물음에 자신 있게 고개를 끄덕이기 쉽지 않더라도 좌절할 필요는 없다. 알프레트 아들러에 따르면, 인간은 완벽하지 않으며 언제든 더 나은 모습으로 바뀔 수 있기 때문이다. 언젠가 제자가 아들러에게 "성격을 바꾸기에 늦은 나이는 몇 살 정도일까

요?"라고 물은 적이 있다. 아들러의 대답은 이랬다. "아마도 죽기 하루 이틀 전쯤이라 할 수 있겠지."

아들러는 성격 대신에 '삶의 방식life style'이라는 표현을 줄곧 썼다. 성격이라고 하면 인간 본성이 변하지 않는다는 뉘앙스가 담겨 있는 듯해서다. 자신을 어떤 사람으로 생각하는지, 세상이 어떤 곳이라고 여기는지, 나와 세상은 어떻게 되어야 한다고 믿는지는 내 삶의 방식을 결정하곤 한다. '이번 생은 끝났어'라며 한숨 쉬는 젊은이가 적지 않다. 그러나 인간은 누구나 완벽하지 않으며 실수를 한다. 이를 고치면서 우리는 더 나은 사람으로 거듭난다. 희망 없는 인생이란 없다.

행운을 얻은 사람은 주어진 복이 사라질 때 다시 나락으로 떨어진다. 행복한 삶을 꾸리는 능력을 갖춘 자는 다르다. 아무리 운이 없고 어려운 상황이라도 점점 나아지고 강해지는 자신을 보면서 보람을 느끼며 만족한다. 아들러가 심리학자뿐 아니라 철학자로도 의미 있는 까닭은, 이렇게 삶과 세상을 나은 쪽으로 이끄는 용기를 끊임없이 일깨운다는 데 있다.

용기를 주는 사상가

알프레트 아들러는 따뜻한 사람이었다. 그가 남긴 가르침엔 언제나 용기를 북돋는 내용이 가득하다. 아들러는 〈삶의 의미〉라는 글에서, "자본주의식 거래의 근본은 한 사람의 형편이 나아질수록 다른 사람의 처지는 더 나빠진다는 점"이라고 당시 사회를 진단했다. 한편 아들러 사상의 밑바탕에는 인류 사회가 좋은 공동체를 향해 나아가야 한다는 굳은 믿음이 깔려 있다. 양극화와 질투·혐오는 우리 시대의 가장 큰 문제다. 아들러의 생각들을 찬찬히 살펴보며 현실의 문제를 풀어갈 해법을 찾아냈으면 좋겠다.

욕망 탐색

알프레트 아들러에 따르면, 분노는 '2차 감정'이다. 화를 내는 밑바탕에는 섭섭함, 미안함, 겸연쩍음 등등의 '진짜' 감정이 숨어 있다. 사회적인 갈등도 마찬가지일 듯싶다. 극단적인 비난과 공격 밑에는 다양한 이유와 감정이 숨어 있다. 상대가 소리를 지른다고 같이 목소리를 키우는 행동은 바람직하지 않다. 급발진(!)하려는 감정을 추스르며 되물어보라. '무엇이 문제인가?', '상대는, 나는 무엇을 바라는가?' 아들러는 원인 말고 목적을 보라고 충고한다. 이를 위해서 우리는 '차분하게 다스려진 마음'이 언제나 '1차 감정'이 되게끔 노력해야 한다.

집단 무의식이
말해주는 것들

카를 융

우리가 아는 것이 세상의 전부는 아니다

빛은 보이는 것이 전부가 아니다. 인간이 볼 수 없는 빛들도 있다. 예컨대 적색 밖에는 적외선이 있고, 자색(보라색) 바깥에는 자외선이 있다. 이들은 우리가 알아채지 못하는 사이 세상에 끊임없이 영향을 미친다.

스위스의 정신과 의사이자 심리학자인 카를 융Carl Jung에 따르면, 인간의 정신도 이와 다르지 않다. 우리가 의식하는 것이 세상의 전부가 아니라는 뜻이다. 내가 알아차리지 못해도, 무의식은 내 판단과 생각에 영향을 미친다. 일상에서 미처 눈치채지 못한 욕망과 탐욕에 휘둘리는 경우가 얼마나 많은지 떠올려보라. 이와 더불어 융은 영적

靈的인 무엇이 계속 우리에게 말을 건다고 주장한다. 이른바 '집단 무의식'이다.

현대인에게 융의 말은 황당하게 다가올 테다. 과학의 시대에 영적인 무엇이 우리에게 영향을 끼친다니, 이 무슨 뚱딴지같은 소리인가? 실제로 융은 살아생전 '현대의 샤먼'이라는 비아냥거림을 듣곤했다. 지금도 '과학적이지 못하다'는 이유로 융을 제대로 된 심리학자로 인정하지 않으려는 사람이 적지 않다. 하지만 융의 이론은 간단히 내칠 만큼 단순하지 않다.

왜 우리는 판타지에 끌릴까?

우리는 과학의 시대를 산다. 선한 신과 악마가 세상을 지배한다고 주장하는 사람이 있다면 정신 나간 듯 보일 것이다. 하지만 우리는 이런 이야기에 강하게 끌린다. 인기를 끄는 게임들의 세계관만 봐도 그렇다. 대부분 신화나 전설 속 이야기를 다루지 않던가. 그곳에서는 악령이 세상을 차지하려 하고, 선한 정령들은 이에 맞서 정의와 평화를 지키려고 한다.

종교는 또 어떤가. 종교는 진화에 밀려 사라져야 하는 꼬리뼈 같은 존재가 아니다. 여전히 많은 사람에게 엄청난 의미가 있으며, 곳곳에서 강한 힘을 떨치고 있다. 이런데도 영적인 것이 우리 삶과 관련 없는 '미신'일 뿐이라고 말할 수 있을까?

카를 융에 따르면, 한 사람이 허황한 믿음에 빠졌다면 이는 잘못된

융은 인류가 공통으로 이어받은 정신, 즉 '집단 무의
식'이 있다고 주장하며 비슷한 서사를 담은 세계 곳
곳의 신화를 그 근거로 든다. 미궁의 괴물 미노타우
로스를 무찌른 테세우스 이야기는 대표적인 영웅
서사다.

것이다. 반면에 많은 사람이 똑같은 환상에 매달려 있다면 어떨까? 이는 '심리적 진실'로 봐야 한다. 그것이 사실이든 아니든 상관없다. 사람들의 생각과 행동을 쥐락펴락한다는 점에서는 이미 일상의 일부이기 때문이다. 이를 별것 아니라고, 잘못된 믿음일 뿐이라고 무시해서는 삶을 제대로 파악하기 어렵다.

우리는 조상으로부터 육체를 물려받았다. 융은 인간이 몸과 함께 정신적인 부분도 이어받았다고 주장한다. 이것이 집단 무의식이다. 전 세계의 신화와 옛날이야기는 비슷비슷한 서사로 가득하다. 게임이나 판타지 영화 속의 스토리는 이를 흉내 내거나 베낀 것들이다. 현대인은 여전히 이런 콘텐츠에 열광한다. 왜 그럴까?

이쯤 되면 융의 설명이 설득력 있게 다가올 테다. 우리는 영적인 무엇을 조상에게서 물려받았다. 과학은 입증할 수 없는 미신이라고 내치지만, 우리의 영혼은 이를 간절히 바란다. 육체는 먹지 못하면 죽는다. 마찬가지로 정신은 의미를 찾지 못하면 살아갈 수 없다. 영적인 무엇은 우리에게 계속 '삶을 어떻게 살아야 하는지'에 대해 가르침을 준다. 사람에게는 인생의 모델이 되는 '원형archetype'이 있으며, 이것이 정신에 영향을 미친다는 뜻이다.

조상들은 종교나 신화를 통해 원형을 만났다. 현대인은 어떨까? 이를 게임이나 영화 속 판타지에서 찾는다. 아무리 미신이라고 내치려 해도 소용없다. 영적인 무엇에 대한 갈망과 헛헛함을 이런 식으로라도 채울 수밖에 없는 까닭이다.

인과성과 동시성

카를 융의 주장은 여기서 한참을 더 나아간다. 과학은 원인과 결과로 세상을 설명한다. 이른바 '인과성causality'이다. 그러나 과학은 세상이 왜 그런지를 설명할 뿐, 내 삶에 무슨 의미와 가치가 있는지 보여주진 못한다. 반면에 영적인 것은 '동시성synchronicity'을 통해 우리에게 깨달음을 안기려고 노력한다. 무슨 말일까?

융에 따르면, 우연의 일치란 없다. 단지 그렇게 보일 뿐이다. 왜 갑자기 나에게 '뜻하지 않은' 재앙이 찾아왔을까? 간절히 바라던 상황이 예기치 않게 벌어진 까닭은 무엇일까? 융은 우주의 가르침에 귀를 기울이라고 말한다. 우리가 깨닫고 변하도록 영적인 무엇이 우리를 이끌고 있다는 뜻이다.

고대인은 영적인 것들이 던지는 메시지에 귀를 기울일 줄 알았다. 그러나 현대인은 이를 덜떨어진 믿음이라며 던져버린다. 그러면서도 한편으로는 불안해한다. 왜 숱한 이가 여전히 점집에 가고 사주에 매달리며, 절체절명의 순간에 기도하고 기원하는지를 생각해보라. 이를 단순히 미개한 풍습으로 볼 순 없을 테다.

페르소나가 '나'는 아니다

여기까지만 들으면 카를 융은 현대의 과학자들이 도저히 받아들이기 어려운 신비주의에 빠진 듯 보인다. 물론 그렇지 않다고 말하기는 어렵다. 하지만 융의 이론이 설득력을 지니며, 실제 정신질환을 치료하는 데 효과가 있다는 점도 무시하기 어렵다.

융은 인생의 단계별로 좇아야 하는 목표가 달라야 한다는 점을 짚어준다. 생애 전반기는 '페르소나persona'를 갖추려고 노력하는 때다. 페르소나는 '가면'이라는 뜻으로, '사회적 역할'이라는 의미로 이해하면 쉽게 다가올 듯싶다.

예컨대 교사라는 페르소나를 얼굴에 쓰고 있다면, 나는 이에 맞춰 행동하게 된다. 사람들도 선생님을 대하는 방식으로 나를 대한다. '부모'와 '자녀'라는 페르소나를 썼을 때는 어떨까? 우리는 모범적인 부모와 자녀의 역할이 무엇인지 대충 알고 있다. 그래서 이에 따라 처신하려고 노력한다.

젊은이들은 법조인이나 유명인 같은 페르소나를 얻으려고 아득바득한다. 왜 그럴까? 이런 페르소나를 쓰고 있으면 사람들이 자신을 높이 여기며 떠받드는 까닭이다. 문제는 그다음이다. 우리는 높은 지위와 부와 명예를 상징하는 페르소나에 지나치게 매달리기 쉽다. 페르소나가 자기 자신인 양 착각한다는 뜻이다.

한 회사의 CEO라고 해서 친구들 사이에서도 우두머리일까? 잘나가는 유명인이라고 해서 가족에게도 우러름을 받는 존재일까? 권력과 지위에 집착하는 이들은 힘과 권위를 잃을까 전전긍긍하기 쉽다. 평생 좋은 페르소나를 차지하고 이를 지키기 위해 노력했지만, 가면 뒤에 있는 자신을 가꾸는 데 소홀했던 탓이다.

페르소나를 벗고 나면 그들은 한낱 나약하고 성숙하지 못한 인간에 지나지 않는다. 그 때문에 이들은 자신이 별것 아닌 존재로 추락할까 봐 두려워서 점점 더 페르소나에 집착한다. 그럴수록 더 강하고 아름다워질까? 그럴 리 없다. 더욱 추하고 안타까운 처지로 바뀔 뿐이다. 융이 '페르소나가 자신은 아니라는 사실을 받아들이라'고 조용히 충고하는 이유다.

자신의 그림자를 보듬으라

카를 융은 자신의 페르소나 뒤에 남겨진 그림자를 보듬으라고 조언한다. 그 유명한 '중년의 위기'라는 표현은 융이 처음 내놓은 말이다. "인생의 전반기에 빛을 좇았다면, 후반기에는 그림자를 보듬어야 한다.", "성공은 성품을 희생해서 얻은 것이다.", "살아지지 못한 인생은 무의식 속에 숨는다." 이러한 융의 명언 속에는 삶을 가꾸기 위해서 우리가 따라야 할 처방전들이 오롯이 담겨 있다.

　빛이 강하면 그림자도 짙은 법이다. 그 누구도 강하고 합리적이며 너그러울 수만은 없다. 이런 사람으로 보이기 위해 아득바득할수록 외로움과 두려움이 마음의 어두운 쪽을 차지한다. 이를 내버려두면 어떻게 될까? 사회에서 지위가 높고 존경받는 사람이 정작 가족과 주변 사람들에게는 폭군으로 여겨지는 경우도 드물지 않다. 자기 내면의 그림자를 제대로 챙기지 못한 탓이다.

　융은 인생의 중년이 35~40세 무렵에 찾아든다고 말한다. 이때쯤이면 열심히 좇던 성공이 내 삶을 제대로 채워주지 못한다는 사실을

사람들은 평생 좋은 페르소나를 차지하고 지키기 위해 애쓰지만, 정작 가면 뒤에 있는 자신을 가꾸는 데 소홀하기 쉽다. 융은 페르소나가 자신이 아니라는 사실을 받아들이고, 페르소나 뒤에 남겨진 그림자를 보듬으라고 조언한다.

깨닫게 된다. 마음은 늘 헛헛하고 불안하다. 미래가 막연하고 어떻게 살아야 할지 막막하던 사춘기처럼, 중년은 또 다른 변화 앞에서 먹먹해지는 시기다. 남들이 바라는 페르소나를 차지하려 애쓰고 유지하는 방식이 남은 인생에서도 과연 정답일 수 있을까? 그럴 리 없다. 이제는 삶의 의미를 찾고, 성공을 좇느라 내팽개쳤던 자신을 발견해 보듬어야 한다. 그렇다면 어떻게 해야 할까?

개인화, 인생의 과업

많은 종교에서 '3'은 신성한 숫자다. 기독교만 해도 '삼위일체(성부·성자·성령)'를 이야기하지 않던가. 반면에 카를 융은 '사위일체'를 이야기한다. 신성한 셋에 '악마'와 '생명'을 뜻하는 네 번째 요소를 더해야 비로소 완전하다는 뜻이다. 삶과 세상에는 어둡고 추잡하며 더러운 모습들이 있다. 눈에 안 띄는 곳으로 감추고 드러나지 않게 꾹꾹 누른다고 해서 이것들이 사라질 리 없다. 용수철은 누를수록 튀어 오르려고 한다. 마음의 어두운 구석도 그렇다. 욕망은 억누른다고 해서 사라지는 법이 없다.

융은 자기 안의 어둡고 부끄러운 측면을 인정해 받아들이라고 충고한다. 이것이 그가 사위일체를 주장하는 이유다. 그렇게 사위일체를 이뤄가는 과정이 '개인화'다. 융은 "사람들은 거울을 유리로 착각한다"라는 유명한 말을 남겼다. "내 안에 없는 것은 세상에 나타나지 않는다"라는 주장도 했다.

이 말의 의미는 이렇다. 내가 어떤 사람을 미워하는 이유가 무엇일까? 나와 똑같기 때문이다. '욕심 많고 거짓말을 잘한다'고 누군가를 헐뜯고 싶은가? 사실 그 모습은 상대라는 거울에 비친 자신이다. 내가 욕심이 없고 거짓말을 전혀 못하는 사람이라면, 상대의 나쁜 처신이 별로 마음에 남지 않는다. 배부른 상태에선 내 음식을 가져가려는 배고픈 자의 탐욕이 그다지 신경 쓰이지 않는 법이다.

누군가가 정말 싫고 증오가 끓어오른다면, 그 감정은 나의 못난 측면을 깨닫게 하는 기회가 된다는 점을 기억해야 한다. '속 좁고 질투하면서 욕심 많은 모습도 나야', '이기적이고 배려할 줄 모르는 모습도 나야'라고 말하며 자신의 어두운 측면을 인정하고 나의 모습으로 받아들여야 한다. 그럴 때 인생은 성숙하고 온전해진다. 이러한 개인화는 우리가 평생 학습해야 할 인생의 과업이다.

과학으로 입증할 수 없는 가치

2015년 대한민국의 평균연령은 40세가 넘었다. 인구구조상 대한민국은 더 이상 청년이 중심이 되는 나라가 아니다. 중장년층이 사회의 대부분을 차지하는 현실에서, 중년 이후 빛보다 그림자를 좇으라는 카를 융의 가르침은 울림이 크다. 경제가 더 성장하면, 살림살이가 더 좋아지면 사회의 갈등과 사람들 마음속에 가득한 분노가 사라질까? 그럴 것 같진 않다. 우리보다 잘사는 나라들도 심각한 정치적·사회적 갈등에 빠져 있지 않던가. 이제는 우리가 경제성장과 민주화라는 이유로 밀쳐놓았던 어두운 측면을 보듬어야 할 때다.

융은 정신에 새겨진 집단 무의식 속 원형들에 귀를 기울이라고 조언한다. 신화나 옛날이야기 속에서 드러나는 문명의 원형들은 우리에게 나아갈 길을 일러준다. 융은 자신이 '구름 한 점 없는 맑은 날에 번개를 예고하는 사람처럼' 비난받고 있다며 한숨 쉬곤 했다.

그의 사상이 선뜻 받아들이기 어려운 신비주의에 빠져 있음은 분명하다. 그러나 세상에는 과학으로 입증되지 못해도 가치 있는 것들이 존재한다. 중년기로 접어든 대한민국의 현실에서 융의 사상이 '과학으로 검증하지 못할 보물'임을 놓쳐서는 안 된다.

욕망 탐색

고대 그리스에서는 비극 관람이 시민의 의무이다시피 했다. 비극이 인간의 운명을 겸허하게 받아들이고, 삶에서 닥치는 시련을 어떻게 극복해야 할지를 일러주는 '삶의 시나리오'처럼 여겨졌던 탓이다. 옛이야기에는 삶의 방향을 다잡게 하는 지혜가 담겨 있다. 카를 융이 신화 등에 담긴 '집단 무의식'을 밝히려 했던 이유는 여기에도 있다. 그렇다면 당신을 사로잡는 이야기는 어떤 것인가? 어떤 게임에 빠져들어 있다면, 거기에 담긴 세계관은 무엇인가? 무의식을 의식으로 끌어올릴 때, 삶은 한층 지혜롭게 바뀐다. 좋아하는 이야기의 서사 구조를 섬세하게 살펴보라.

한계상황에서 열리는
삶의 의미

카를 야스퍼스

나는 다른 사람이 되고 싶다

철학자 루트비히 비트겐슈타인Ludwig Wittgenstein은 아버지가 철강 재벌인 '금수저'였다. 게다가 그는 탈장으로 군 면제를 받았다. 하지만 제1차세계대전이 터지자, 그는 간절히 입대하기를 바랐다. 군에 가서도 비트겐슈타인은 언제나 가장 위험한, 죽음을 무릅써야 할 최전선에 지원했다. 그는 애국심이 남다른 사람이 아니었으며, '밀덕(밀리터리 덕후)'은 더더욱 아니었다. 그런데도 왜 그는 굳이 피할 수 있었던 전투에 나서려 했을까?

비트겐슈타인이 워낙 독특한 성격이기는 했지만, 그의 마음을 헤아리기란 어렵지 않다. 험한 산에 도전하는 알피니스트를 떠올려보

라. 그들은 왜 목숨 걸고 산에 오르려 할까? 최고의 부와 명예를 차지한 이들이 계속 도전하는 이유는 또 무엇일까? 평범하고 편안한 일상에서는 '자기다움'이 무엇인지를 알기 어렵다. 또한 자꾸만 무료하고 헛헛한 심정에 사로잡히고 말 테다. 반면 죽을 수도 있는 위기 상황에서, 혹은 도저히 넘지 못할 어려움 앞에서는 두려움과 포기하고픈 마음이 꿈틀거릴 테다. 그런데도 이를 악물고 나설 때, 우리는 자기 삶이 생생하게 불타오름을 느낀다. 나아가 자신의 한계를 넘어 나아갔다는 황홀함에 젖어들기도 한다. 최전선에 서려 했던 비트겐슈타인의 심정도 이와 다르지 않았던 듯싶다.

"이제 나에게 훌륭한 인간이 될 기회가 왔다. 왜냐하면 나는 죽음과 마주 보고 있기 때문이다."

처음으로 적의 병사와 마주했을 당시, 비트겐슈타인이 일기장에 적은 글이다. 그는 줄곧 안온한 일상에서 벗어나 언제나 '다른 사람으로 변하고픈' 심정에 사로잡히곤 했다. 넘지 못할 위기와 한계에 기죽지 않고 도전할 때, 우리의 삶은 생생하게 타오른다. 전쟁은 이런 위대한 경험을 하기에 더없이 좋은 기회 아니던가!

카를 야스퍼스Karl Jaspers는 '한계상황Grenzsituation'이라는 말로 유명한 철학자다. 그가 활동했던 20세기 전반은 혼란과 흥분의 연속이었다. 산업이 여기저기서 크게 피어나고 기업들도 웃자랐다. 반면 경제가 곤두박질치는 공황이 찾아들기도 했다. 두 번의 세계대전이 세상에 큰 상처를 안겼던 시기이기도 하다. 이렇듯 드라마 같던 시대에 카를 야스퍼스의 철학은 사람들에게 깊은 울림으로 다가갔다. 도대체 그는 무슨 이야기로 인류에게 혜안을 안겼을까?

한계상황을 경험한다는 것은 실존이 된다는 것

야스퍼스가 말하는 한계상황이란 인간으로서는 어쩌지 못하는 처지를 일컫는다. 죽음이나 극복 못할 재난, 질병 등이다. 야스퍼스에 따르면, 우리는 한계상황에 부딪혔을 때 진정한 자신으로 거듭날 기회를 얻는다.

그는 인간의 삶을 네 단계로 나눈다. 가장 낮은 수준은 '현존da-sein' 이다. 여기서 우리는 생존에 매달리며 살아간다. 살아남느라 아득바득한다는 점에서 보면, 인간은 여느 생명들과 차이가 없다. 그렇지만 인간에게는 '의식Bewusstsein'이 있다. 이 단계에서 우리는 과학에서처럼 분명하게 맞고 틀림을 가려내 합리적으로 살아가려 한다. 그다음은 '정신Geist' 수준의 생활이다. 여기서는 '이념Idee'이 중요하다. 세상의 바람직한 모습은 어떠해야 하며, 옳고 바람직한 인생은 무엇인지에 대한 이론과 가르침에 매달린다.

이 모든 단계를 넘어선 가장 높은 수준이 '실존Existenz'이다. 실존에 이르려는 사람은 '진정 나다운 나'로 거듭나려고 노력한다. 위기와 도전 앞에서 내가 어떤 모습을 보였는지를 살펴보라. 겁먹고 주눅 들어 물러서는 순간, 우리 마음은 비참함과 비루함에 사로잡힌다. 굳은

인간은 죽음, 재난, 질병 등 한계상황에 부딪혔을 때 진정한 자신으로 거듭날 기회를 얻는다. 야스퍼스가 말하는 '실존'에 이르는 길이다.

결기로 의연히 위험에 맞설 때는 어떨까? 스스로 자유의지에 따라 온갖 고통과 위기를 기꺼이 받아들이려 할 때, 비로소 우리에게 '나답다'라는 확신이 찾아든다. 온갖 위협에도 비굴하게 고개를 조아리지 않고 결연하게 고개를 세우는 모습은 영웅답다. 야스퍼스는 진정 자기다운 삶은 이러한 '실존'의 단계에서 피어난다고 말한다.

실존해명과 초월자

그렇다면 실존에 담긴 '나다운 나로 살아감'이란 무엇일까? 야스퍼스에 따르면, 이는 도저히 설명할 길이 없다. 에베레스트산 정상에 선 등반자의 감격을 말로 표현할 방법이 있을까? '나다운 나'로 살아가는 순간의 감동 역시 다르지 않다. 그래서 실존은 '해명'할 수 있을 뿐, 설명할 길이 없다. 야스퍼스는 해명을 '설명하지 않고도 밝혀지는 것이고, 우리가 무엇이라 규정하지 않아도 이해되는 것이며, 알지 못해도 확신하는 것'이라고 풀어준다. 한마디로, 실존이 되는 순간순간에 찾아드는 '나답다'라는 '느낌적 느낌(?)'이라 하면 될 듯싶다.

하지만 '나답게 산다'라는 말이 '제멋대로 한다'라는 의미는 절대 아니다. 우리는 온갖 이해타산을 넘어 진정 올바른 방향의 선택을 하고 올곧게 도전할 때, 비로소 생존을 뛰어넘는 숭고하고 아름다운 가치를 '느낀다'. 말로는 설명하기 어려워도, 우리가 사는 세상을 넘어선 '초월적인 가치'를 느낀다는 말이다. 종교를 가진 이들이라면 아마도 이 지점에서 신神을 떠올릴지 모르겠다. 야스퍼스는 줄곧 초월자를 말하지만, 이는 특정 종교의 절대자를 뜻하지는 않는다.

즐거운 경험을 자주 하고, 이런 순간이 많이 쌓이면 결국 삶 전체도 '행복한 인생'으로 거듭난다. 마찬가지로 초월자를 느끼고 경험하는 순간이 많으면, 내 삶도 진정 '나다운 나'로 바뀌지 않을까? 존경받는 위인들이 안주하지 않고 끊임없이 도전하며 한계를 뛰어넘으려하는 이유도 여기에 있다.

진정 자기답게 사는 사람들은 '철학적 신앙'을 품기 마련이다. 이는 인간의 삶에는 이익을 좇고 번식과 생존에 매달리는 차원을 넘어선, 고귀하고 숭고한 무엇이 있다는 믿음을 일컫는다. 초월적인 가치를 믿고 이를 향해 나아가는 자들은 결코 무너지거나 나락으로 떨어지지 않는다. '세상이 그를 죽일 수는 있어도 이길 수는 없는 사람', 야스퍼스가 말하는 실존적인 삶이란 이런 자세를 뜻하는 듯싶다.

담담한 인생 뒤에 숨겨진 고비

야스퍼스의 철학은 울림이 크다. 그는 언제나 도전하라고, 한계를 넘어서라고 사람들을 다그치는 까닭이다. 그렇다면 야스퍼스 자신의 삶은 어땠을까? 그도 초월자를 꿈꾸는 영웅적인 일상을 꾸려갔을까? 그는 말년에 이르러 '나는 공부와 연구 외에는 아무것도 하지 않았다'리며 담담히 자기 인생을 정리했다. 실제로 야스퍼스의 삶은 평탄하고 안온해 보인다. 학창 시절에 공부를 무척 잘했으며, 법학을 공부하려다 의사가 되었다. 심리학을 공부하다가 철학에 더 강하게

카를 야스퍼스는 학자로서 명성이 정점에 이른 시기, 아내가 유대인이라는 이유로 대학에서 강제로 은퇴당하고 출판 금지 명령을 받기도 했지만 끝까지 아내를 지켰다. 1966년 스위스 바젤에서.

끌려서 하이델베르크대학 철학과 정교수가 되었고 죽을 때까지 학자로, 대학교수로 살았다. '주요 경력'으로만 본다면 그의 삶은 '도전과 초월'이란 키워드와는 멀어 보인다.

그러나 야스퍼스가 겪은 인생의 고비 고비를 살펴보면 숙연한 결기에 고개가 절로 숙여진다. 그는 언제나 가장 어려운 분야의 연구에 매달렸다. 의사로서 수련할 때, 그는 당시에는 아직 개념조차 제대로 서지 않은 정신병리학과 심리학에 매달렸다. 학자로서 명성이 정상에 이르렀을 시기, 그는 대학에서 쫓겨났고 심지어 나치스Nazis에 의해 죽음 직전까지 내몰렸다. 아내가 유대인이었기 때문이다. 이혼하면 간단히 위기에서 벗어날 수 있었다. 그래도 야스퍼스는 끝까지 사랑을 놓지 않고 부당한 권력에 맞섰다. 그의 가족은 강제수용소에 끌려가기 직전, 하이델베르크를 미군이 점령한 덕분에 가까스로 목숨을 건졌다.

나치스에서 해방된 후에 그는 독일에서 불의에 맞선 지성으로 최고의 존경을 받았지만, 모든 것을 뿌리치고 스위스 바젤대학으로 자리를 옮긴다. 아마도 안정을 되찾은 독일에서는 야스퍼스가 자신의 '실존'을 제대로 드러낼 상황이 많지 않았을 것이다. 그는 정치 문제에도 활발히 의견을 냈으며, 좋은 사회를 만들기 위해서는 정치가들역시 인간으로서 마땅히 바라고 이루려 노력해야 하는 가치, 즉 초월자에 대한 '철학적 신앙'을 품어야 한다고 믿었다.

축의 시대, 위대한 정신의 역사

이러한 야스퍼스의 믿음은 역사철학에서도 오롯이 드러난다. 그의 철학에서 '축의 시대Achsen Zeit'는 '한계상황'만큼이나 잘 알려져 있다. 바퀴는 축에 매달려 있어야 제대로 굴러간다. 역사라는 바퀴가 제대로 굴러가기 위해서도 모든 사건의 의미를 잡아주는 중심이 있어야 한다. 이것이 그가 말하는 '역사의 축axis'이다.

야스퍼스는 기원전 500년 전후, 보다 넓게는 기원전 800년에서 200년 사이에 중국, 인도, 유럽, 동아시아에서 인간의 위대한 정신이 태어났다고 보았다. 이 시기가 '축의 시대'다. 예수, 석가모니, 공자, 소크라테스 등 현자들은 이 시대에 활동했다. 이후의 인류 역사란 이들이 펼쳐놓은 지혜가 전개되는 과정이었다.

좀 더 구체적으로 살펴보자. 야스퍼스는 인류의 역사가 네 시기로 나뉜다고 봤다. 역사 이전에는 길고 장대한 '선사시대'가 있었다. 기원전 4000년경부터는 메소포타미아, 인도, 중국 등지에서 문자와 문명이 꾸려졌다. 이른바 '오래된 고도문화Alte Hochkulturen' 시대다. 이후로는 위대한 정신이 출현한 '축의 시대'가 열렸고, 지금 우리는 '과학과 기술의 시대'를 살아가고 있다.

야스퍼스는 역사란 인간의 문명과 자유가 발전하며, 초월자가 더욱 실현되는 방향으로 나아가는 과정으로 생각했다. 인간의 삶과 역사란 초월자가 던지는 '암호'들을 풀어가며 의미를 찾아가는 여행길이다. 나아가, 인류의 역사는 현존을 뛰어넘어 실존을 향해 가는 이야기이기도 하다. 야스퍼스의 역사철학은 매우 구체적이지만 확실한 증거로 뒷받침되지는 않는다. 그래서 분명한 기록과 사료를 바라는 역사학자들 사이에서는 크게 호응을 얻지 못했다.

나는 진정 인간다워지고 있는가?

사실 야스퍼스의 글은 매우 어렵다. 학창 시절에 그가 가장 어려워했던 과제는 '모국어 작문'이었다고 한다. 따라서 우리가 야스퍼스의 글을 이해하기 어렵다고 해서 스스로를 탓할 필요는 없다. 야스퍼스를 이해하는 이들이 많지 않은 데에는, 그의 글솜씨도 큰 몫을 하는 탓이다.

그런데도 야스퍼스의 철학을 접하고 나면 그의 철학에서 헤어나기
는 무척 어렵다. 꿈꾸었지만 일상을 허우적거리느라 어느 순간 놓아
버린 '나다운 나로 사는 삶', '생계 걱정을 넘어서는 숭고하고 아름다
운 가치'를 일깨우는 까닭이다. 야스퍼스는 무척 난해한 글쓰기로 진
입 장벽이 높은 철학자다. 그런데도 숱하게 많은 이들이 여전히 야스
퍼스라는 거대한 산에 오르고 싶어 한다. 그만큼 그는 우리 시대에도
절실한, 매력 넘치는 철학자다.

욕망 탐색

배부르고 등 따신 상황에서는 자신이 어떤 장점과 능력을 갖추고
있는지 알기 어렵다. 한 사람의 참모습은 힘들고 어려운 위기 상황
에 닥칠 때 비로소 드러난다. 나에게는 어떤 위기와 어려움이 있었
는가? 이를 '영웅적'으로 이겨내며 나아가려 했는가, 헛헛하고 비
굴하게 웃음 지으며 물러섰는가? 운동하지 않고 튼실한 근육을 만
들기는 어렵다. 마찬가지로 시련을 겪지 않은 채 강단 있는 성품을
가꾸기도 어렵다. 나를 나답게 만들기 위해 어떤 노력을 하고 있는
가? 한계상황에서도 진정 '나다운 나'로 머무는 사람이 되려면 어떻
게 해야 할까?

경제와 정치의
새로운 길

틀을 깨는 철학

소중한 것을 갈아 넣는
'악마의 맷돌'을 깨뜨려라

칼 폴라니

사랑만으로 결혼을 감당할 수 있을까?

가정을 꾸리는 데 사랑은 무척 중요하다. 하지만 사랑만으로 결혼 '생활'을 모두 감당하긴 버겁다. 결혼에는 수많은 사람이 얽혀 있다. 양가 부모님을 비롯한 가족부터 태어날 자녀까지 숱하게 많은 관계를 '관리'해야 한다. 그뿐 아니다. 두 사람이 집을 구하고 살림을 유지하기 위해서는 돈 문제가 사랑만큼 중요하다. 나아가 자식 교육을 어떻게 할지, 노후 준비는 어떻게 할지 등 고민은 끝없이 이어진다.

　만약 결혼에 사랑만이 중요하다고 우기면 어떤 일이 벌어질까? 결혼은 소꿉놀이가 아니다. 서로를 향한 불타는 정열만으로, 앞으로 생겨날 여러 문제를 '극복'하기란 쉽지 않다. 집안을 책임지는 어르신들이 '눈먼 사랑'을 곱지 않게 바라보는 이유다.

오스트리아·헝가리제국 출신 미국의 경제학자이자 사회철학자인 칼 폴라니Karl Polanyi에 따르면, 우리 시대가 '경제'를 다루는 태도도 이와 다르지 않다. 사회가 굴러가는 데 경제는 무척 중요하다. 하지만 경제만으로 사회 전체를 감당할 수는 없다. 문화와 전통, 삶의 질에 이르기까지 우리에게는 경제만큼이나 중요한 요소가 무척 많다.

그러나 현재는 경제가 이 모든 사항을 집어삼켜버렸다. 소득이 늘어나고 나라 살림이 피어나기만 하면 다른 문제들은 저절로 해결되는 듯 여기는 분위기다. 폴라니는 지금의 경제를 '악마의 맷돌'에 견준다. 경제 발전을 위해 삶의 소중한 모든 것을 '갈아 넣는다'는 의미다. 폴라니는 왜 이렇게 생각했을까?

시장은 사회 밖에 있어야 한다

장례식장이나 결혼식장에서 사람들은 부조금을 건네곤 한다. 사실 이는 적잖은 스트레스다. 공정가격처럼 부조금의 액수가 정해져 있지 않은 까닭이다. 관계가 얼마나 가까운지, 상대에게서 이전에 얼마나 도움을 받았는지 등을 가늠해 '적당히' 금액을 맞춰야 한다. 어찌 생각하면 이런 모습은 불합리해 보이기도 한다.

대놓고 상대방에게 '부조금 얼마 드리면 돼요?'라고 물어보면 어떨까? 아예 흰 봉투에 넣는 일도 생략하고 눈앞에서 현금을 세서 상대에게 건넨다면? 지극히 합리적인 처신이라며 기꺼워할 사람이 과연 있을까?

친한 사이끼리는 '거래'라는 느낌을 주지 않으려고 노력한다. 심지어 가게에 가면 점원들마저도 살가운 미소를 지으며 상거래를 '친밀한 인간관계'인 척 위장(?)한다. 왜 이럴까? 돈이 중심이 되는 순간, 관계의 살가움은 급격히 사라져버리기 때문이다. 재산 다툼이 벌어진 집안을 떠올려보라. 법조문과 논리를 따지며 서로의 몫을 차갑게 가르는 순간, 정情은 더 이상 자리할 곳이 없다.

부모가 자식을 돌보는 이유는 나중에 경제적으로 보상받기 위해서가 아니다. 내가 친구에게 베푸는 까닭도 나중에 도움을 돌려받기 위해서가 아니다. 만약 부모가 자식에게 나중에 키운 값을 '청구'하겠다며 양육에 들어간 돈을 일일이 적어놓는다면 어떨까? 친구에게 밥을 살 때마다 장부를 만들어 여기에 '사인'하라고 들이민다면? 서로에게 의지하는 정도가 어떻게 바뀔지는 설명할 필요도 없겠다.

그래서 칼 폴라니는 인류 역사에서 '시장은 항상 사회 바깥에 있었다'고 강조한다. 모르는 사람과는 이익을 따지며 깔끔하게 거래할 수 있다. 그러나 친밀한 관계를 가꾸기는 쉽지 않다. 즉 친한 사이에서는 이익과 손해 정도를 깔끔하게 따지기가 어렵다. 그랬다가는 관계가 틀어지기 십상이다.

'가까운 사람과 돈거래를 하지 마라'는 말은 지금도 일상에서 흔히 건네는 충고다. 폴라니가 시장이 늘 사회 바깥에 있었냐고 말하는 이유도 이와 다르지 않다. 물론 생활을 이어가는 데는 돈 문제가 중요하지만, 이는 결코 눈에 보이게끔 드러나서는 안 되었다. 예전 사람들은 관계가 돈보다 더 소중하다고 여겼기 때문이다.

토지, 노동, 화폐: 상품 허구들의 등장

지금은 칼 폴라니의 설명에 고개를 갸웃할 사람들이 적지 않을 듯싶다. '돈 문제는 서로 솔직하게 이야기하는 편이 더 낫지 않을까? 그래야 오해도 적고 억울한 일도 안 생길 텐데…' 예컨대 동창 모임에서 '투명하게' 통장을 만들어 관리하는 일도 드물지 않다. 금액을 정하여 회비를 걷고, 일이 생길 때마다 공평하게 비용을 지출하는 식이다. 인정 따지고 체면 차리느라 전전긍긍하느니, 이렇게 처리하는 편이 훨씬 좋을 것 같다. 그러나 폴라니에 따르면, 이런 식의 처신은 인간 사회를 망가뜨릴 수 있다.

시장 사회에서는 모든 것이 '상품'이다. 모든 것이 철저하게 금액으로 표시되고 거래된다는 뜻이다. 내가 먹고살기 위해 하는 일이 사회에서 얼마나 비중 있는지는 통장에 찍히는 숫자로 가늠된다. 갖고 싶은 물건이 얼마나 가치 있는지도 거기에 붙은 가격표를 보면 금방 알 수 있다. 이 얼마나 명쾌하고 합리적인가!

나아가 폴라니는 시장 사회에선 원래 상품이 아닌 것들도 상품처럼 가격을 매겨 거래한다고 설명한다. 예를 들어 토지는 원래 상품이 아니다. 땅은 사람이 만든 것이 아니기 때문이다. 그런데도 땅을 사고파는 일이 우리에게는 전혀 이상하지 않다.

노동은 또 어떤가? 사람을 사고파는 일은 생각만 해도 끔찍하다.

땅은 사람이 만든 것이 아닌데도 사고파는 일이 자연스럽게 일어난다. 칼 폴라니는 토지, 노동, 화폐는 상품이 아닌데 상품인 척하는 가짜 상품, 즉 '상품 허구'라고 말한다.

그러나 우리는 필요할 때마다 사람을 '사고' 또한 나 자신을 '팔곤' 한다. 고용의 의미가 이렇지 않은가. '임금'이란 자신을 일터에 갖다 바치고 자기를 '이용'한 만큼의 대가를 받아낸 것이다. 사고팔 수 없는 '인간'이 자연스레 시장의 상품으로 녹아든 모양새다.

돈도 다르지 않다. 돈은 원래 교환을 위한 수단일 뿐이었다. '외환시장'이라는 말이 보여주듯, 지금은 돈도 엄연한 상품으로 통한다. 게다가 돈놀이(?) 과정에서 생기는 이익과 손해 또한 경제활동에서 무시하기 힘든 부분이다.

물론 토지와 노동, 화폐를 사고파는 일은 예선부터 있었다. 그렇지만 이는 일상의 관계 속에서 쉽사리 '거래'되는 것들은 아니었다. '시장은 항상 사회 바깥에 있었다'는 말이 뜻하는 바다.

산업이 발달하고 시장이 커진 지금은 토지와 노동, 화폐를 거래하는 일이 하나도 이상하지 않다. 그러나 폴라니는 토지와 노동, 화폐는 상품이 아닌데 상품인 척하는 '상품 허구commodity fiction'라고 잘라 말한다. 왜 폴라니는 시장과 거래를 이토록 삐딱하게 바라볼까?

시장과 거래를 삐딱하게 보는 이유

상품은 사고파는 물건이다. 그래서 필요하면 사고, 쓸데없으면 안 사도 된다. 노동을 상품으로 보면 여기에도 똑같은 논리가 통해야 한다. 일손이 필요하면 사람을 쓰고, 더 이상 '사용'할 필요가 없으면 내보내면 된다. 하지만 노동자의 처지에서 이를 '쿨'하게 받아들일 수 있을까? 일자리에서 생기는 수입은 자신의 삶을 떠받치는 기둥이다. 일터에서 내몰리는 순간, 그들의 삶은 나락으로 떨어진다.

시장이 세상을 지배하기 전에는 그렇지 않았다. 가족이 함께 생계를 꾸려간다고 생각해보라. 일손이 필요 없어졌다고 해서 식구를 내칠 수는 없는 법이다. 주인과 머슴 관계도 별다르지 않았다.

노동이 상품이 아니었을 때, 일터에서 사람 사이는 계약관계같이 냉정하지 못했다. 그만큼 서로는 서로에게 삶을 지켜주는 '안전망'으로 여겨졌을 테다. 반면에 노동이 상품일 때는 관계와 책임을 '청산'하는 일이 전혀 어렵지 않다. 나는 당신의 노동을 살 생각이 없다고 말하면 그만이다. 이런 현실을 과연 살 만하다고 할 수 있을까?

토지도 마찬가지다. 땅 위에서는 수많은 삶의 사연이 펼쳐진다. 더 많은 이익을 얻기 위해 땅 주인이 하루아침에 살던 사람들에게 나가라고 하면 어떤 일이 벌어질까? 산업화 이전 서양의 경우, 땅은 영주의 것으로 사고팔 수 있는 상품이 아니었다. 그래서 경제 사정이 어떻건, 땅이 팔려나가 그 위에서 사는 사람들의 삶이 송두리째 뿌리 뽑히는 일은 좀처럼 생기지 않았다. 하지만 산업이 발달하면서 땅이 상품화되자 지역 사람들의 생활도 불안해졌다. 이런 변화를 '발전'이라고 할 수 있을까?

화폐는 더 말할 나위가 없다. 돈은 '안면박대'가 기본이다. 돈은 숫자로만 되어 있을 뿐이다. 개개인에게 어떤 사정이 있는지는 전혀 중요하지 않다. 화폐가 삶을 꾸리기 위해 꼭 얻어야 하는 주요 상품이 되는 순간, 공동체와 인간관계가 무너지는 일은 시간문제일 뿐이다. 이해관계가 얽혀서 함께하는 일들이 끝나면 칼같이 등을 돌려 제 갈 길을 가는 현대인의 모습이 따뜻하고 살 만한 것처럼 보이는가?

이중 운동, 사회가 경제에 맞서다

앞서 나온 의문들이 의미심장하게 다가온다면 칼 폴라니가 왜 시장경제를 마뜩잖게 여겼는지 이해될 듯싶다. 폴라니는 시장경제가 널리 퍼질수록 이에 맞서 삶을 지키려는 움직임도 같이 일어난다고 주장한다. 그는 이런 모습을 '이중 운동double movement'이라고 부른다.

노동이 상품화되자 사람들은 권리를 지키기 위해 뭉쳤다. 조합을 만들고 노동자의 권리를 지키기 위한 법들을 제정하는 식이었다. 토

칼 폴라니는 모든 것을 경제 논리로 바꾸려 할 때, 사람들은 본능적으로 반발하고 자발적으로 저항하게 된다는 사실을 강조한다. 부당노동행위에 맞서 파업 중인 미국 유통 업체 시어스로벅의 직원들. 1967년.

지가 쉽게 사고팔리는 상황이 되자, 여기서 생기는 이익을 국가가 거두어 사회를 위해 쓰려는 제도들이 만들어지기 시작했다. 또한 화폐가 상품이 되어 경제를 쥐락펴락하자, 금융거래를 둘러싼 각종 제한이 생겨났다.

시장경제는 제한이 많아질수록 제대로 굴러가지 않는다. 기업가들이 한목소리로 '규제 철폐'를 외치는 이유다. 한편으로는 시장이 활발하게 움직이고, 경제가 급성장할수록 사회는 위기에 빠지기도 한다. 부동산 가격이 크게 올라 지역의 오래된 가게들과 주민들이 주변으로 밀려나는 젠트리피케이션gentrification을 떠올려보라. 세계화에 따라 경쟁력을 잃고 사라져가는 지역의 문화와 풍습은 또 얼마나 많은가.

폴라니는 시장이 세상을 지배하기 시작한 19세기 이후, 인류 역사상 그동안 한 번도 드러나지 않았던 사회의 모습이 비로소 뚜렷해졌다고 말한다. 〈낡은 것이 된 우리의 시장적 사고방식〉(1947)에 담긴 그의 주장을 직접 들어보자.

"기사의 삶을 이끌어가는 동기는 용기다. 성직자에게는 경건함이, 기술자에게는 자부심이 삶을 지탱하는 힘이다. 마찬가지로 이익은 상인들에게 고유한 삶의 동기다. 이익이라는 동기를 모든 사람의 삶에 보편적인 것으로 만들려는 생각 따위는 우리 조상들의 머리에 한 번도 떠오른 적이 없었다. 19세기 절반 가까이에 이르기까지 (이익을 중심으로 돌아가는) 시장은 언제나 사회의 주변부에 머물렀다."

사람들은 저마다 다양한 목적과 이유를 찾으며 살아간다. 사회는 그런 인간들이 모인 곳이다. 경제가 이 모두를 상품으로 만들고 이익의 틀에 가두려는 순간, 사회는 강하게 반발한다. 폴라니는 시장에 맞선 저항이 '자발적으로' 일어난다는 사실을 강조한다. 모든 것을 경제의 논리로 바꾸려고 할 때, 우리는 거의 본능적으로 반발하게 된다는 의미다. '얼마면 돼요?'라며 물건값을 치르듯 부조금을 건네는 모습이 불편하게 다가온다면, 폴라니가 무엇을 말하려고 하는지 쉽게 이해될 것이다.

새로운 경제적 상상력이 필요하다

"진정한 진리는 만유인력의 법칙이 아니다. 진리는 중력을 뿌리치고
새가 하늘 높이 날아오른다는 사실에 있다."

칼 폴라니의 명언이다. 경제는 수요와 공급에 따라 법칙처럼 움직
인다. 인간은 먹고사는 문제에서 자유롭기 어렵다. 그 때문에 경제가
우리 삶을 쥐락펴락하는 현실에서 벗어나기란 매우 힘들다. 그래도
폴라니는 '새로운 경제적 상상력'이 필요하다고 거듭 강조한다. 인간
삶의 목적은 먹고사는 데 있지 않다. 만약 먹고사는 데만 신경 쓴다
면 인간이 짐승과 다를 바가 무엇이란 말인가? 폴라니는 경제가 사
회의 모든 것을 지배해서는 안 된다고 말한다. "경제는 사회에 '묻어
들어embedded' 있어야 한다."

경쟁력 확보와 매출 증대, 경제성장에 온 세상이 목을 매는 시대
다. 그러나 폴라니는 인류의 발전은 인간의 자유를 늘리고 영혼을 틔
우는 쪽으로 나아가야 한다고 힘주어 말한다. 세상의 중심이 된 경제
는 과연 폴라니가 말한 방향으로 나아가고 있을까? 여전히 더 많은
소득과 이익을 위해 사회의 모든 것을 갈아 넣으려 하는 '악마의 맷
돌'이지는 않을까? 위기 상황에 놓인 경제가 좀처럼 나아질 기미가
보이지 않는 요즘이다. 폴라니가 말하는 '새로운 경제적 상상력'이
무엇인지 곰곰이 생각해볼 일이다.

틀을 깨는 상상

1968년 미국의 민주당 대선 예비후보였던 로버트 케네디는 캔자스대학을 방문하여 이렇게 말했다. "국민총생산GNP은 대기오염과 담배 광고, 고속도로에서 사고로 다치고 죽은 구급차도 성장으로 계산합니다. (중략) 하지만 국민총생산에는 아이들의 건강, 교육 수준, 놀이의 즐거움은 포함되지 않습니다. (중략) 우리의 해학, 용기, 지혜, 배움, 헌신, 열정도 측정되지 않습니다. 국민총생산은 삶을 의미 있게 하는 모든 것을 빼고 측정합니다." 국민총생산의 한계를 잘 보여주는 연설이다. 그렇다면 우리는 세상을 더 나은 쪽으로 이끌기 위해 삶의 질을 무엇으로 가늠해야 할까?

세상을 바꾸기 위한
첫 단계, 헤게모니

안토니오 그람시

기득권은 왜 무너지지 않을까?

빈부 격차는 날로 심해진다. 가진 자는 점점 더 부유해지고, 경쟁에서 뒤처져 나락으로 떨어진 자에겐 더 이상 희망이 없는 듯싶다. 날로 치솟는 서울의 집값을 떠올려보라. 가난한 환경에서 태어난 사람이 아무리 노력한들 서울에 제집을 장만할 가망은 거의 없어 보인다.

가난한 이들이 개인의 노력으로 처지를 개선할 수 없는 지경이라면, 모두가 힘을 합쳐서 불공평한 현실을 뒤엎어야 하지 않을까? 게다가 언제나 그랬듯 가진 자들은 수가 적고, 가난한 자들은 다수다. 이런데도 왜 소수가 독점한 기득권은 무너지지 않을까?

19세기 독일 철학자인 카를 마르크스Karl Marx는 부富가 몇몇 사람에게 쏠리고 대다수가 가난한 처지에 놓이면, 결국 '폭력혁명'이 일어난다고 주장했다. 하지만 그 뒤로 150여 년이 흐른 지금도 빈익빈 부익부는 진행 중이다. 자본주의 사회 역시 흔들리지 않는다. 왜 부자와 빈자의 격차가 훨씬 크고, 그들 사이의 갈등도 심하게 불거지는 산업화한 선진 자본주의 국가에선 러시아제국에서 있었던 것과 같은 혁명이 일어나지 않을까?

옛 이탈리아 공산당의 창설자인 안토니오 그람시Antonio Gramsci는 이 물음에 파고든 철학자다. 그는 10년 넘게 감옥에 갇혀 있으면서 이 문제에 대한 자신의 생각을 노트에 적었다. 세상을 바꾸려면 어떻게 해야 하는지 궁리한 그람시의 저술은, 불공평하고 불공정한 사회를 바꾸려는 이들에게 오늘날까지도 혜안을 가져다준다.

포드주의와 수동 혁명

1910년대 안토니오 그람시는 미국의 자동차 회사 '포드'의 발전을 눈여겨봤다. 그 당시 포드는 벨트컨베이어 시스템과 분업 체제로 생산량을 크게 늘렸다. 이전엔 자동차 한 대를 조립하는 데 12시간 이상이 걸렸으나, 새로운 시스템을 도입하자 93분마다 한 대씩 자동차가 생산됐다. 이는 벨트컨베이어를 따라 여러 노동자가 각각 잘게 쪼개진 작업을 맡은 덕분이었다. 그 당시 다른 회사의 자동차는 2000달러 정도로 무척 비쌌지만, 같은 시간에 더 많이 생산할 수 있었던 포드의 '모델 T'는 345달러에 지나지 않았다(1916년 기준). 포드에서 만든 자

포드주의는 대량생산을 가능하게 해 노동자들의 생활을 풍요롭게 만들었지만, 모든 작업을 분업화·단순화하여 노동자들이 일자리에서 밀려나기 쉬운 체제를 공고히 했다.

동차는 가격 경쟁력을 바탕으로 시장을 휩쓸었다.

　회사가 잘되자, 1914년 포드는 노동자 봉급을 두 배로 올렸다. 그 결과 노동자들은 형편이 좋아져 자신들이 만든 모델 T를 사서 몰고 다닐 수 있었다. 그만큼 자동차 수요가 늘었기에 포드는 더욱 승승장구하고, 노동자들의 생활 또한 덩달아 풍요로워졌음은 물론이다. 하지만 그람시는 자본주의의 진짜 문제가 바로 여기에 있다면서 눈을 흘긴다. 회사도 잘되고 노동자의 삶도 좋아졌는데, 도대체 뭐가 문제란 말인가?

　그람시는 포드의 자동차 생산방식을 '포드주의Fordism'라고 부른다. 포드에선 누구는 계속 나사만 조이고, 누구는 종일 부품만 나르는 식으로 모든 작업을 잘게 쪼갠다. 이런 분업 방식에서는 경험 많은 노동자가 필요 없다. 작업 하나하나가 무척 단순해서 누구나 필요한 작업에 즉시 투입될 수 있는 탓이다. 포드주의는 노동자들이 일자리에서 밀려나기 쉬운, 노동자들에게 아주 해로운 체제다.

하지만 노동자들은 목소리를 높이지 않았다. 당장 손에 쥐는 높은 봉급이 만족스러웠기 때문이다. 그들은 갈등이나 문제가 불거질 때마다 자기들에게 큰 수입을 안기는 경영자의 편을 들었다. 자신이 노동자란 사실을 잊고 스스로를 '가진 자'로 여기게 된 셈이다.

카를 마르크스는 자본주의가 발전하며 사회 갈등이 심해지면 폭력혁명이 일어나리라고 예상했지만, 포드주의는 오히려 노동자들을 '수동 혁명'으로 이끌었다. 수동 혁명이란 지배층이 주도하는 느리고 점진적인 변화다. 포드주의가 나타난 뒤 부자는 더욱더 부유해지고 노동자들과의 소득 차이도 더 크게 벌어졌다. 그렇지만 대다수 노동자는 세상을 뒤엎자는 마르크스의 주장을 멀리하고 기득권의 편에 섰다. 어찌 되었건 자신들의 생활수준도 나아졌기 때문이다. 이런 가운데 세상은 가진 자에게 더 유리한 쪽으로 점점 바뀌어갔다.

남부 문제가 일어난 까닭

안토니오 그람시는 자기가 '남부 문제'라고 부른 이탈리아의 상황도 이와 비슷하다며 한숨을 쉰다. 이탈리아 북부엔 산업 시설이 많았기 때문에 그곳 사람들은 꽤 괜찮은 수입을 올렸다. 반면에 이탈리아 남부 농민의 생활은 힘들고 가난했다. 남부의 생산물이 헐값에 거래된 덕분에, 북부 산업 지대의 노동자들은 싼 물가와 상대적으로 높은 생활수준을 누렸다. 그래서 북부 노동자들은 남부의 가난한 농민들을 편들지 않았다. 남부와 북부 사이에 갈등이 발생할 때마다, 북부 노동자들은 오히려 공장주 입장에 가까운 주장을 펼쳤다.

이쯤 되면 자본주의가 왜 무너지지 않는지 이해될 듯싶다. 자본주의는 사람들에게 이익을 안겨줌으로써, 부가 몇몇 사람에게만 심하게 몰리고 있음을 잊게 한다. 더욱이 우리가 누리는 풍요로움이 어딘가에서 적은 임금으로 힘든 노동을 한 사람들 덕분이라는 사실에도 눈감게 만든다.

싼 물건을 보고서 힘들게 일하는 노동자의 눈물과 고통을 떠올리는 이가 얼마나 되겠는가. 세상의 풍요로움 속 많은 부분이 노동자들의 아픔으로 이루어졌음에도 우리는 그 사실을 신경 쓰지 않는다. 이럴수록 세상은 더더욱 불공평해지고, 우리의 삶 역시 점점 나락에 가까워진다. 국가 전체적으론 경제가 발전하고 생활수준도 높아졌다지만, 왜 나의 일자리는 갈수록 위태로워지며 미래가 불안한지를 생각해보라. 그람시가 말하는 남부 문제의 핵심이 다가올 테다.

헤게모니, 스스로 따르도록 하라

그렇다면 세상을 공평하고 정의롭게 만들 방법은 없을까? 안토니오 그람시는 조급한 마음부터 다독이라고 충고한다.

고대 도시 국가 카르타고의 한니발Hannibal 부대는 천하무적이었다.

코끼리를 앞세운 이 북아프리카 군대에 로마군은 속절없이 무너졌다. 그러자 로마의 장군 파비우스Fabius는 다른 방식으로 맞섰다. 파비우스의 군대는 일정한 거리를 두고 한니발 군대를 쫓아가며 끈질기게 괴롭혔다. 상대가 싸움을 걸면 정면으로 맞서지 않고 도망갔다. 한니발을 한 번도 제대로 이기진 못했지만, 완전히 지지도 않은 것이다.

한니발의 군사들은 파비우스에게 진절머리를 냈다. 끊임없는 자잘한 공격에, 가랑비에 옷이 젖듯 한니발 군대는 조금씩 무너졌고 싸울 의욕을 잃어버렸다. 파비우스는 이른바 지구전war of attrition을 펼친 셈이다.

기득권에 맞서는 그람시의 전략도 다르지 않다. 강한 적에게 섣불리 맞서선 안 된다. 가진 자에게로 쏠린 사람들의 마음을 서서히, 차근차근 돌려놓아야 한다. 무엇보다 사회의 '헤게모니Hegemonie'부터 거머쥐어야 한다. 헤게모니는 '사람들의 동의를 끌어내는 지도력'이란 뜻이다. 권력은 절대 억지로 사람들을 이끌지 않는다. 오히려 권력이 원하는 쪽으로 사람들 스스로가 움직이도록 만든다. 어떻게 그럴 수가 있을까?

신문이나 방송, 교육기관 등에서 어느 편의 목소리가 더 많이, 더 크게 들리는지를 살펴보라. 언론계나 교육계를 이끌어가는 자들은 대부분 기득권층이다. 그들은 자기에게 이익이 되는 소식과 이야기를 더 공들여서 사람들에게 들려준다. 사람들은 자주 접하는 뉴스 등을 통해 가진 자의 견해와 가치관을 자연스레 익히게 될 테다. 따라서 은연중에 그들을 옹호하게 된다. 심지어 자신들에게 불리할뿐더

사회주의 주간지 〈인민의 외침 Il Grido del Popolo〉 편집자들과 함께. 안토니오 그람시는 두 번째 줄 맨 오른쪽이다.

러 손해까지 입히는 정책이 등장해도 '국가와 사회를 위한다'는 명분으로 포장한, 가진 자의 주장에 마음이 끌린다. 사회의 헤게모니가 기득권자의 손에 쥐어졌을 때 나타나는 모습이다.

진지전과 유기적 지식인

안토니오 그람시는 '사회를 바꾸고 싶다면, 가진 자의 손에서 헤게모니를 뺏어와야 한다'고 외친다. 그러려면 무엇을 해야 할까? 먼저 사람들의 '상식'을 흔들어야 할 테다. 그람시는 '모든 사람은 철학자임을 놓치지 말라'고 충고한다. 누구에게나 세상일을 바라보고 판단하는 나름의 잣대가 있다. 이 잣대는 모두 '상식'에 녹아 있어서 너무나 당연하게 여겨지기 때문에, 사람들은 자기가 어떤 가치관으로 세상을 바라보는지를 고민하지 않는다.

사회를 바꾸고 싶다면 무엇보다 이 상식을 바꾸어야 한다. 사람들로 하여금 당연하게 보던 것이 실은 부당하다는 점을 깨닫게 하라는 뜻이다. 다시 말해 가진 자의 목소리만 크게 울려 퍼지는 세상에서 '그렇지 않다'라고 크게 외치며 사람들을 설득하라는 의미다. 그렇다면 이 일을 누가 해야 할까? 철학자들은 대화를 통해 상대와 교류하고자 한다. '모든 사람이 철학자'라면, 이들을 설득할 사람들은 지식인이어야 한다. 그람시는 이 지식인들이 사회의 모든 문제와 얽혀 있다는 의미에서, 그들을 '유기적 지식인'이라고 부른다.

지식인은 구석으로 밀려난 자들을 위해 목소리를 내야 한다. 하지만 이런 작업을 한들 한순간에 사람들의 마음을 돌려놓지는 못할 테다. 그래서 사회 곳곳에다가 '진지'를 만들어놓고, 적이 무너질 때까지 꾸준하고 집요하게 공격해야 한다. 이른바 '진지전war of position'을 펼치라는 뜻이다. 기동전war of manoeuvre은 적을 힘으로 재빠르게 밀어붙이는 전략이다. 국가가 사람들의 마음을 얻지 못하거나, 권력자가 시민들에게서 미움을 살 때는 기동전으로 이길 수 있다. 그러나 적의 힘이 더 셀뿐더러 그들이 사람들의 지지를 받고 있을 때 기동전을 펼쳤다가는 오히려 우리 편이 산산조각 날 뿐이다.

자본주의 사회에서 국가는 학교·종교 기관·언론 등등 여러 제도와 모임으로 짜인 '시민사회'에 뿌리를 두고 있음을 놓치선 안 된다. 군대와 경찰을 동원하는 공권력이 흔들리더라도, 시민사회가 여전히 가진 자의 편이라면 사회는 절대 바뀌지 않는다. 그람시는 서구의 자본주의가 무너지지 않은 이유를 바로 이 점에서 찾는다. 서구의 시민사회는 여전히, 언제나 굳건하게 가진 자의 편이라는 말이다.

변화를 이끌려면 당장 눈앞의 승리와 패배에서 마음을 내려놓아야 한다. 꾸준히 우리 편을 많이 만들어나가야 한다. 지식인은 계속적으로 시민사회 곳곳에 '진지'를 만들어, 이를 중심으로 기득권이 아닌 다수 사람의 입장이 '상식'이 되게끔 우리 편을 끊임없이 늘려나가야 한다.

이자의 뇌를 20년간 멈추게 하라

1926년 11월, 이탈리아의 독재 권력은 안토니오 그람시를 감옥에 가둬버렸다. 그에게 판결을 내린 판사는 유명한 말을 남겼다. "20년 동안 이자의 두뇌가 활동하지 못하도록 해야 한다." 그람시는 20년 4개월 5일의 징역형을 선고받았으며, 죽기 직전까지 감옥에서 나올 수 없었다.

하지만 그람시의 생각은 감옥에서도 멈추지 않았다. 그가 감옥에서 쓴 글이 1970년대에 영어로 번역된 뒤로, 그람시의 사상은 세계적으로 큰 영향을 끼쳤다. 우리 사회에서도 그람시가 한 역할은 작지 않다. 그람시의 충고처럼 수많은 지식인이 사회 곳곳에 진지를 만들고 자신의 주장을 펼치며 세상을 설득해나갔다. 이를 통해 우리 사회에서 들리는 진보적 목소리가 점점 커지게 되었다.

그러나 세상은 돌고 돈다. 예전에 진보적이었던 지식인이 지금은 오히려 기득권자가 되어버렸다고 지적하는 의견도 많다. 기득권층이 된 지식인을 비판하며 헤게모니를 차지하려는 이들의 시도도 여기저기서 엿보인다. 아직도 무너지지 않은, 그러면서도 갈등은 더욱 심해지고 있는 현재의 자본주의 사회를 본다면 그람시는 뭐라고 할까?

그람시는 권력과 부를 움켜쥔 이들과 싸우는 방법을 우리에게 알려주었다. 하지만 모든 기득권을 넘어서서 진정으로 정의롭고 평등한 세상이 어떤 모습인지는 충분히 일러주지 않았다. 그람시의 '진지전'과 '헤게모니' 이론에 대해 알면 알수록 아쉬움이 커지는 이유다.

틀을 깨는 상상

안토니오 그람시의 '헤게모니'와 '진지전' 이론은 민주화가 시대 소명이었던 시절, 우리 사회의 진보적인 움직임에도 큰 영향을 주었다. 과거 투사들이 지금은 기득권이 되어 공격받는 경우도 흔하다. 세상 모든 일이 그렇듯, '그때는 옳지만 지금은 틀린' 가치관들이 적지 않다. 지금의 우리 사회는 무엇을 쟁점으로 헤게모니 다툼을 벌이고 있을까? 이는 과거와 어떤 점에서 다른가? 나아가, 미래의 헤게모니는 어떤 비전과 가치를 품은 사람들이 쥐게 될까?

인류가 위험사회에서 벗어나는 방법

울리히 벡

'우한 폐렴'이라 부른다고 코로나19가 잡힐까?

중세 서양에서 흑사병(페스트)은 엄청난 재앙이었다. 유럽 인구의 3분의 1이 죽었을 정도다. 많은 사람은 유대인들이 병을 퍼트렸다고 믿었다. 사람들은 유대인이 우물에 독을 탔다며 그들에게 저주를 퍼부었다. 유대인들은 잔혹하게 살해됐다. 그래도 흑사병의 기운은 전혀 수그러들지 않았다.

1923년 일본에서 간토대지진이 일어났을 때도 상황은 비슷했다. 15만 명 가까이 죽거나 사라진 끔찍한 피해 속에서 일본인들은 재앙을 일으킨 원흉을 찾아 나섰다. '조선인들이 폭동을 일으켰다'거나 '조선인들이 불을 질렀다'는 등의 뜬금없는 소문이 돌았고, 최소

6000명이 넘는 조선인이 학살당했다. 그렇다고 해서 지진의 피해가 사라졌을까? 물론 아니다.

비슷한 일이 지금 시대에 거듭되고 있다. 전 세계를 재앙에 빠트린 '코로나19COVID-19'가 처음 퍼질 때, 세상은 이 돌림병을 '우한 폐렴'이라고 불렀다. 미국 대통령은 아예 '중국 바이러스'라고 강조하기까지 했다. 이 말에는 중국인에 대한 증오와 멸시가 담겨 있다. 하지만 코로나19를 우한 폐렴이라 부른다고 해서 역병이 잡힐까? 나아가 중국인들을 비난한다고 해서 바이러스가 사라질까?

역병과 재난은 누구를 적으로 삼아 공격한다고 해서 해결되지 않는다. 우리 시대에는 역사상 그 어느 때보다 전 세계적으로 많은 재앙이 벌어지고 있다. 사스SARS나 메르스MERS 같은 질병, 소련 체르노빌(현재 우크라이나 지역)과 일본 후쿠시마에서 벌어진 원자력발전소 사고, 화석연료 사용에 따른 환경 파괴와 지구온난화에 의한 가뭄·홍수에 이르기까지 재앙은 점점 자주, 더 큰 규모로 생겨난다.

이런 상황에 우리는 어떻게 맞서야 할까? 독일의 사회학자 울리히 벡Ulrich Beck은 현대를 '위험사회risk society'라고 부른다. 산업사회에서는 물자 부족과 가난이 가장 큰 문제였다. 반면에 현대에는 온갖 위험에 대처하는 것이 무엇보다 중요하다. 하지만 벡은 사람들이 여전히 산업사회의 방식으로 위험을 다루려고 한다며 한숨을 쉰다. 이래선 위급한 현실에서 벗어날 수 없다. 점점 잦아지는 세계적인 재난을 잘 이겨내려면 어떻게 해야 할까?

지구적인 위협이 도사리는 위험사회

독일의 법학자 카를 슈미트Carl Schmitt에 따르면, 정치의 핵심은 '우리 friends'와 '적enemies'을 가리는 데 있다. 산업사회에서 이 말은 설득력이 매우 높았다. 무엇보다 가난이 인류가 물리쳐야 할 '적'이었던 까닭이다. 모든 수단을 동원해서 무엇이든지 생산량을 높여 빈곤을 몰아내는 것이 문명의 목표였다. 가진 자와 못 가진 자의 차이가 벌어져서 갈등이 커졌다면? 이번에는 사회에서 불리한 쪽이 가진 자들을 적으로 삼을 테다. 노동조합을 만들고 정치조직을 꾸려서 그들과 다투며 자신들의 권리를 챙기는 식이다.

유럽 산업사회는 이런 방식으로 가난과 불평등을 몰아냈다. 울리히 벡은 그 결과를 '승강기 효과elevator effect'라는 말로 풀어낸다. 경제가 좋아지면서 살기 어려운 계층 전체가 승강기에 올라탄 듯 살림살이가 나아졌다는 의미다.

그러나 빈곤이 사라질수록 산업사회에 또 다른 문제가 생겨났다. 예컨대 공장을 가동하면 매연이 나온다. 공업의 규모가 커질수록 폐기물도 덩달아 늘어난다. 산업사회는 처음에 이 모두를 덮고 감추려 했다. 오염 물질과 공해를 많이 일으키는 공장을 못사는 나라로 수출(?)해버리는 식이었다.

하지만 무작정 덮는다고 해서 썩어가는 부위가 저절로 낫긴 힘든 법, 망가지는 환경을 언제까지 외면할 순 없었다. 피해 정도는 이내 세계경제가 감당하기 어려울 수준이 되어버렸다. 못사는 나라로 넘

부를 일군 선진국들은 오염 물질을 배출하는 공장을 가난한 나라로 밀어냈지만, 그곳의 매연과 미세 먼지는 고스란히 선진국으로 되돌아오고 있다. 지구적인 위험에서는 적과 아군을 가릴 수 없는 이유다.

겨버린 공장들의 매연은 미세 먼지 등으로 고스란히 잘사는 국가로 넘어왔다. 선진국으로 수출되는 값싼 과일 등의 농산물에도 오염 물질이 무시하지 못할 수준으로 묻어 있었다.

그뿐 아니다. 산업이 발전할수록 위험의 수준과 정도도 감당하지 못할 만큼 커졌다. 전 세계에 있는 수백 개의 원자력발전소를 떠올려 보라. 이 가운데 하나만 폭발해도 지구 전체는 위험에 빠진다. 교통 발전은 또 어떤가. 20세기 초 전 세계적으로 유행한 스페인 독감은 기차와 함께 널리 퍼져나갔다. 지금의 바이러스는 비행기를 타고 지구 구석구석까지 퍼지고 있다. 훨씬 넓고 빠르게 위험이 확산하는 셈이다.

산업이 발전할수록 시장도 커지기 마련이다. 세계가 하나의 시장이 되어가는 흐름을 바꾸긴 이제 불가능하다. 그럴수록 커지는 위험은 인류에게 절박한 문제로 떠올랐다. 이쯤 되면 벡이 왜 현대를 '위험사회'라고 불렀는지 알 듯싶다. 이런 지구적인 위험을 누가 적인지 가려낸 뒤 공격한다고 해서 해결할 수 있을까?

중국을 적으로 삼는다고 해서 미세 먼지를 쏟아내는 공장들이 사라지지는 않는다. 어디론가 옮겨가 공해 물질을 다른 방식으로 내뱉을 뿐이다. 시간이 걸릴 뿐, 그 피해는 다시 우리에게 돌아온다. 원자력발전소 사고를 일으킨 일본을 적으로 삼는다고 해서 후쿠시마 원전 사고의 피해가 사라질 리 없다. 벡은 위험 앞에선 적과 아군을 가리는 산업사회의 방식이 통하지 않는다고 힘주어 말한다. 위험사회에는 새로운 방식의 대응법이 필요하다.

스모그 앞에 평등한 인류

산업사회에서 사람들을 하나로 만드는 힘은 '배고픔'이었다. 가난과 빈곤을 이겨내는 일이 무엇보다 중요했다는 뜻이다. 반면에 위험사회에서 사람들을 하나로 만드는 힘은 '불안한 현실'에서 생긴다.

"빈곤은 위계적이지만 스모그는 민주적이다." 울리히 벡이 남긴 유명한 말이다. 위험은 '누가 잘사는지 못사는지'를 가리지 않는다. 오염된 공기와 기후변화, 전 세계로 퍼진 바이러스 앞에서 우리는 똑같이 위험하다. 그 때문에 전 세계 모든 사람이 하나로 뭉칠 수 있다.

그래도 위험을 산업사회의 방식으로 다루고픈 유혹을 떨치기란 쉽지 않다. 자동차 매연이 문제라면 이를 일으키는 업체들을 처벌하면 되지 않을까? 강이 폐수로 망가진다면 오염 물질을 쏟아내는 공장에 벌을 주면 되지 않을까?

　물론 이런 식의 대응은 꼭 필요하다. 하지만 우리에게 닥친 '위험'은 누가 범인인지를 쉽게 가려낼 만큼 단순하지 않다. 핵 발전의 위험을 논할 때마다 과학자들은 '원자력이 가장 깨끗하고 안전한 에너지'라며 권위를 실어 말한다. 그들의 주장을 거짓이라고 말할 수 있을까? 석탄 발전에 견주면 원자력발전은 공기를 거의 더럽히지 않는다. 게다가 우리는 원자력 덕택에 싼값으로 풍족하게 전기를 사용하지 않던가.

　다른 분야에서도 비슷한 일들이 벌어지곤 한다. 어떤 화학물질이 건강에 해롭다는 이야기가 돌면, 업계의 권위 있는 사람들이 '전혀 그렇지 않다'라며 목소리를 높이곤 한다. 그들은 하나같이 과학적인 근거와 합리적인 설명을 내놓는다. 게다가 우리는 문제가 되는 물질 덕분에 일상에서 편안함을 누리고 있다. 과거 살충제로 쓰인 DDT, 화장품 등에 널리 사용된 프탈레이트 등 이런 사례는 셀 수 없이 많다.

　앞서 말했듯 문제는 무엇이 위험하고 해로운지를 가려내기가 간단하지 않다는 사실이다. 원자력 사고는 거의 생기지 않는다. 그러나 한번 발생하면 인류를 멸종시킨 제앙이 될 수도 있다. 벡은 우리가 이를 '좀처럼 생기지 않는 자동차 사고' 정도로만 생각한다며 안타까워한다. 화학물질도 마찬가지다. 해로움이 당장 눈앞에 드러나지 않기에 사람들은 문제를 깨닫지 못한다. 세월이 흘러 심각한 상황에 이르고 나서야 비로소 허둥지둥 해법을 찾으려 할 테다.

그래서 벡은 '하위 정치subpolitics'를 강조한다. 무엇이 얼마나, 어떻게 위험한지를 과학자의 판단에만 맡겨선 안 된다. 과학은 생각보다 객관적이지 않다. 과학도 이해 집단에 따라 연구 방향과 결과 등이 달라지곤 한다. 전염병 앞에서 '마스크를 써야 하는지, 안 써도 되는지'에 관해서도 숱한 '과학적' 의견이 있지 않던가.

산업사회에서 '과학적'이라는 표현은 예전 종교만큼이나 권위가 있었다. 위험사회에서는 이를 곧이곧대로 받아들여선 안 된다. 예전에는 과학은 과학, 정치는 정치, 경제는 경제라는 식으로 영역에 따라 문제를 다르게 접근했다. 그러나 이제는 이 모두를 각 학문 아래 놓인 현실의 맥락에서 함께 바라봐야 한다. 이것이 하위 정치가 의미하는 바다.

해방적 파국과 성찰적 근대화

나아가 울리히 벡은 '개인'의 역할을 강조한다. 산업사회에서는 집단이 중요했다. 빈부 격차를 없애기 위해 가난한 자들은 노동조합 등을 통해 하나로 뭉쳤다. 나치스 독일이나 제국주의 일본 같은 독재국가에 맞서 민족국가 중심으로 힘을 모으기도 했다. 그러나 위험사회의 협력은 다른 방식으로 이루어진다.

벡에 따르면, 세상에 닥친 재앙은 오히려 희망이 되기도 한다. 그

"기후변화에는 국경이 없다." 알래스카주 주노에서
열린 기후 위기 시위에 등장한 문구는 '위험사회'의
현실을 잘 드러낸다.

는 기후변화를 예로 든다. 기후변화는 어느 집단을 적으로 삼아 무찌른다고 해서 해결되지 않는다. 사람들 한 명 한 명이 상황의 심각함을 깊이 깨닫고, 일회용품 사용을 줄이고, 대중교통을 이용하는 식으로 삶의 방식을 바꿔나가야만 풀리는 문제다.

이런 이유로 눈앞에 닥친 재앙은 되레 인류의 발전을 가져올 수 있다. 인류 모두가 공통된 위험 앞에서 하나가 되는 까닭이다. 이른바 '위험 공동체risk community'가 만들어지며, 사람들은 당장의 편리함을 버리고 위험에서 벗어날 길을 함께 머리를 맞대고 찾게 된다. 따라서 인류에게 닥친 위기는 오히려 문명이 나아갈 바람직한 방향을 고민하게 한다는 의미에서 '해방적 파국emancipatory catastrophism'이 될 수도 있다.

이런 생각이 담긴 벡의 《위험사회》는 1986년에 나왔다. 이후 30년 넘는 세월이 흐른 지금, 우리가 벡의 생각을 이해하긴 어렵지 않다. 인터넷 시대에는 특별한 '저항의 지도자'가 없다. 그러나 절박한 위험과 부당한 처리 방식이 알려지면 사람들은 자발적으로 나서서 분노를 표현하며 하나로 뭉친다. 이렇듯 위험사회에서는 '개인적인 것이 정치적인 것The personal is political'이다.

이렇게 움직이기 위해서는 무엇보다 한 사람 한 사람이 인류가 부딪힌 위험의 심각성을 끊임없이 떠올리며 되새겨야 한다. 벡이 산업사회를 이끈 근대화에 맞서 현대사회는 '성찰적 근대화reflexive modernity'를 추구해야 한다고 주장한 이유가 여기에 있다.

끊임없는 낙관주의가 중요하다

아울러 울리히 벡은 '끊임없는 낙관주의'를 강조했다. 위기에 닥칠 때 사람들은 지금의 방식을 버리고, 과거에 의지하는 방식으로 물러서곤 한다. 타락한 현대 문명을 버리고서 과거의 종교 공동체로 돌아가자고 외치는 테러 집단을 떠올려보라. 벡은 이를 '근본주의의 위험'이라고 부른다.

벡에 따르면, 위험사회에서 가장 큰 목표는 '인류를 멸망에 이르게 하는 위험을 없애는 것'이어야 한다. 하지만 이를 완벽히 해결할 방법은 당장 눈앞에 보이지 않는다. 예를 들어 부쩍 잦아진 전염병 발생을 어떻게 막을지에 대한 방안은 지금까지도 구체적으로 나온 바가 없다. 지구온난화를 이른 시일 내 멈출 수 있는 대안도 없는 상태다.

그럴수록 벡은 "끊임없이 낙관적이어야 한다"라고 충고한다. 그에 따르면, 인류 발전을 이끈 실용주의는 확실한 해법을 손에 쥐고 나서 문제에 달려들라고 가르치지 않았다. 일단 해보고 실수를 거듭하는 가운데 답을 찾아가는 것이 실용적인 접근 태도다.

산업사회는 인류에게 풍요를 가져왔다. 반면에 그만큼의 재앙과 위기를 불러오기도 했다. 전염병, 환경 파괴, 테러리즘 등 인류를 나락으로 빠뜨릴 만한 위협이 점점 커지고 있는 요즘이다. 그럴수록 위험을 중심 과제로 삼고 문명의 미래를 바라보라는 벡의 외침은 더욱 의미심장하게 다가온다.

틀을 깨는 상상

울리히 벡에 따르면 과학기술이 널리 퍼져 세상이 하나가 될수록, 조그만 실수 하나로도 세계 전체가 위기에 빠지는 '위험사회'로 바뀌어간다. 원자력발전소 사고, 대규모 전염병 등을 떠올리면 그가 말하는 바가 무엇인지 금방 다가온다. 그렇다면 문명으로부터 떨어져 있을수록, 시장에서 멀어질수록 안전하고 변함없는 삶을 꾸릴 수도 있지 않을까? 연결과 통합이 아닌, 독립과 자립이 주된 흐름이 되는 미래는 불가능할까?

다중, 인터넷 시대의
새로운 민주주의

네그리와 하트

로마제국을 넘어설 네트워크 제국의 탄생

전성기 로마제국에는 '나라 밖 세상'이 없었다. 그 당시 유럽인들이 생각한 문명 세계는 모두 로마의 지배 아래 있었기 때문이다. 로마법은 세상 어디에서나 통했고, 제국이 잘 닦아놓은 길을 따라 사람들은 곳곳을 돌아다녔다.

이탈리아 출신의 정치철학자 안토니오 네그리Antonio Negri와 그의 제자인 미국의 철학자 마이클 하트Michael Hardt는 현대사회를 로마제국에 빗댄다. 꾸준한 지구화의 결과, 전 세계가 하나의 '제국empire'이 되어버렸기 때문이다.

하지만 지금의 제국은 예전 제국주의와 다르다. 제국주의란 힘센

나라가 약한 국가들을 억누르며 착취하는 형태를 말한다. 반면에 지금의 (세계) 제국에는 절대 강자가 없다. 네그리와 하트(이하 '네그리·하트'로 표기)에 따르면, 전 세계 정부들은 로마 시대의 황제 역할을 한다. 권력을 휘두른다는 점에서 그렇다.

한편 세계무역기구WTO나 국제통화기금IMF 같은 국제기구, 세계적인 대기업은 로마의 원로원과 같다. 각 나라 정부의 정책에 끊임없이 훈수를 두며 이익을 조정하는 까닭이다. 여기에 시민들은 정부와 세계화된 시장에 맞서 자신을 지키려 목소리를 낸다. 이렇듯 국가와 국제기구, 민주주의가 균형을 이룬 지금의 제국에서는 누구도 자기 마음대로 세상을 굴릴 수 없다.

예컨대 가장 강한 군대와 경제력을 갖춘 미국조차도, 제 마음대로 세계를 쥐락펴락하지는 못한다. 중국과 베트남 등으로 옮겨간 공장 없이, 미국 상품을 사줄 해외시장 없이 미국 경제가 지금처럼 굴러갈 수 있을까? 세계화된 기업들의 압박에 미국 정부가 버틸 수 있을 것 같지도 않다.

여러 국제기구 또한 합의와 견제로 굴러간다. 일방적인 주장이 먹히기 어려운 구도라는 뜻이다. 여러 나라의 시민들은 제각각 목소리를 내지만, 정부와 국제기구를 밀쳐낼 정도는 아니다. 그렇다면 세상은 누가 지배하고 있을까?

네그리·하트는 권력의 중심은 없다고 잘라 말한다. 현대 세계는 '네트워크 권력'이 다스리고 있다. 이익을 얻는 기업과 정부, 단체가 하나로 연결되어 세상을 움직이고 있다는 뜻이다.

공동의 것을 모두에게 돌려줘라

'팍스로마나Pax Romana'는 로마제국으로 통일된 세계가 누렸던 평화를 일컫는다. 그 당시 사람들은 행복했을까? 꼭 그렇지는 않다. 로마에서는 기독교인을 비롯해 힘없고 가난한 자들의 저항과 반란이 끊이지 않았다. 지금의 제국은 어떨까? 세계화된 제국은 곳곳에서 문제를 일으키고 있다. 온 세상의 시장이 하나가 된 탓에, 경쟁력을 키워야 한다는 이유로 비정규직은 점점 많아진다. 또 일자리가 안정되지 못하니 가난한 이도 늘어만 간다. 복지 제도는 이들을 보호할 만큼 충분하지 않다. 빈부 격차 역시 날로 벌어진다. 네그리·하트는 현대사회가 빈곤과 차별로 가득하던 100여 년 전 상황으로 되돌아가고 있다며 한숨을 쉰다.

이런 막막한 현실을 어떻게 해야 할까? 해법을 찾으려면 먼저 문제가 무엇인지 분명히 해야 한다. 진단이 정확해야 치료가 제대로 되지 않겠는가. 네그리·하트는 정부와 기업 등 권력자들이 하나가 된 네트워크 권력이 세상을 착취하고 있다고 힘주어 말한다. 그들은 사람들에게서 '공동의 것the commons'을 빼앗고 있다.

물과 공기를 비롯한 천연자원은 원래 누구의 소유가 아니다. 나아가 생산품 가운데 상당수는 누구 소유인지를 말하기 어려운 것이 많다. 인터넷을 예로 들어보자. 유튜브에는 무료 영상이 숱하게 돌아다닌다. 페이스북 같은 SNS에도 수많은 자료가 넘쳐난다. 이것들은 '누구'의 소유일까?

사제 간인 안토니오 네그리(오른쪽)와 마이클 하트(왼쪽)는 공동 작업한 《제국》, 《다중》 등의 저작으로 학계에 논쟁을 불러일으켰다.

사람들은 자발적으로 자료를 올리고 서로 나누며 관계를 맺는다. 그러나 이를 통해 이익을 얻는 자들은 누구일까? 웹 사이트와 SNS를 굴리는 기업가들이 아니던가? 그들은 사람들이 공유하기 위해 만든 자료들을 오롯이 자기 이익으로 삼는다. '지식재산권'도 다르지 않다. 하늘 아래 완전히 새로운 것은 없다. 오랜 세월 쌓여온 수많은 지식과 경험, 문화의 바탕 위에서 이전에 없던 발명품이 나오는 법이다. 그런데도 여기서 생기는 이익을 몇몇 집단이나 사람이 독차지한다.

네그리·하트는 '공동의 것'에서 생기는 이익을 시민들에게 돌려줘야 한다고 목소리를 높인다. 우리가 게시물에 댓글을 달고, 사람들과 소통하는 일상도 새로운 가치를 만들어내는 생산과정이다. 사람들이 만들어놓은 관계망이 있어야 광고를 할 수도, 상품을 팔 수도 있는 까닭이다. 그래서 네그리·하트는 현대사회의 가치가 일상 자체에서 만들어진다는 의미로 '생산'을 '삶정치biopolitics'라고 부른다. 노동엔 마땅한 보상이 주어져야 한다. 시민들의 일상 하나하나가 이익을 만들어내는 과정이라면, 모든 시민에게는 당연히 수당을 받을 권리가 있지 않을까? 네그리·하트가 전 국민에 대한 '보장 소득' 지급을 주장하는 이유다.

아우토노미아, 직접 행동하는 자율주의

'공동의 것'에서 생기는 이익을 모두에게 돌려주려면 어떻게 해야 할까? 네그리·하트는 지금의 정치제도로는 할 수 없다고 잘라 말한다. 가난하고 힘없는 자를 대표한다고 외치는 정치가들은 끊임없이 나타난다. 하지만 그들이 권력을 잡는다고 세상이 달라지던가? 누가 지배하는지가 달라질 뿐, 세상에는 큰 변화가 없다.

'대의제'와 '삼권분립'을 뼈대로 하는 지금의 민주주의는 18세기에 생겨났다. 네그리·하트는 이런 식의 낡은 민주주의는 생명을 다했다고 선언한다. 표를 얻어 권력을 잡기 위해 만들어진 정당이 특정 집단의 생각과 이익을 대표하는 탓이다. 누가 권력을 잡든, 모두를 위한 이익보다 자신들의 생각과 이해관계에 따라 통치하는 구도다. 노동자와 가난한 자를 위한다는 사회주의 국가의 정부가 지금 어떤 모습을 하고 있는지 떠올려보라.

그래서 네그리·하트는 시민들이 직접 통치하는 새로운 정치를 꿈꾼다. 네그리는 젊은 시절부터 한결같이 '아우토노미아autonomia'를 앞세운다. '자율주의'로 옮길 수 있는 이 말은 '정부나 정당 같은 대표자를 앞세우는 대신, 관련된 사람들이 직접 행동하며 세상을 바꾸자'는 주장을 말한다. 그렇다면 수많은 사람이 대표자의 지도 없이 스스로 움직이며 세상을 바꾸는 일이 가능할까? 오히려 세상을 혼란과 폭력으로 몰아넣지는 않을까?

다중, 지도자 없는 저항 세력

네그리·하트의 주장은 이미 대한민국에서 실현되는 중이다. 2016년에 시작된, 대한민국의 역사를 바꾼 '촛불 혁명'은 다중 운동의 대표 격이다. 대통령의 탄핵과 권력 교체를 끌어낸 이 엄청난 사건의 주인공은 누구일까? 마땅한 '지도자'가 떠오르지 않을 테다. 실제로 촛불 혁명의 특정한 '주체 세력'은 따로 없었다.

'n번방' 사건도 다르지 않다. 성 착취에 대한 분노로 들끓은 사람들은 주모자들을 찾아내고 법의 심판을 받게 했다. 그러면서 우리의 '성性 인지 감수성'도 한껏 높아졌다. 이런 발전을 이룬 지휘자는 누구던가? 구체적인 인물이 떠오를 리 없다. 시민 각자가 곳곳에서 목소리를 모아 엄청난 힘을 만들었기 때문이다.

네그리·하트라면 이런 일을 두고 '누군가가 설계했다면 가능하지 않았을 것'이라 말할 듯싶다. 그들에 따르면, 현대 민주주의를 움직이는 세력은 '다중多衆, multitude'이다. 다중은 군중과 다르다. 군중은 하나의 성격으로 규정된 집단이다. 노동자·농민·기업가 등으로 꼬리표를 붙이는 순간, 사람들 한 명 한 명의 개성과 특징은 중요하지 않게 된다.

반면에 다중은 특징이 하나로 정해지지 않는 사람들의 집단이다. 그들 가운데는 진보적인 자도 있고, 보수적인 이도 있다. 부유한 사람도 있으며 실업자도 있다. 그러나 이들은 자신에게 해당하는 특별한 일이 생기면 금방 하나가 되어 한목소리를 내며 움직인다. 한마디로 다중이란 '각자의 특이성을 간직한 채로 공통성을 창출하는 존재들'이다.

다중은 권력을 다르게 잡아야 한다

네그리·하트는 인터넷 세상에서 민주주의를 이끄는 세력은 다중이어야 한다고 강조한다. 웹 공간에서는 여러 생각이 자유롭게 떠다닌다. 여기는 누구의 강제가 통하는 곳이 아니다. 그러나 인터넷은 속임수와 선동이 잘 통하는 장소이기도 하다. 네그리·하트는 다중에게 '모여서assembly' 행동하며 세상을 바꾸라고 외치지만, 포퓰리즘(대중 영합주의)의 위험을 조심하라는 충고도 놓치지 않는다.

'다중은 권력을 다르게 잡아야 한다'라는 네그리·하트의 표현에는 그들이 뜻하는 바가 오롯이 담겨 있다. 이민자들로 넘쳐나는 나라를 예로 들어보자. '이방인' 탓에 일자리가 없어진다며 그들을 폭력으로 몰아내자고 외치면 어떨까? 위기 상황에서는 가장 어렵고 힘든 처지

다중은 하나의 성격으로 규정되지 않지만, 공동의 목표를 위해 행동하는 집단이다. 네그리는
2011년 전개된 월스트리트 점령 시위를 다중 운동의 대표 사례로 소개한다.

인 사람부터 나락으로 떨어지는 법이다. 이들을 위한 복지 정책을 줄
이고 우리의 뱃속만 채워줄 정책에 투자해야 한다고 주장한다면 어
떤 일이 벌어질까?

실제로 이런 주장으로 이익을 볼 사람이 많다면, 표가 그쪽으로 몰
릴지도 모르겠다. 하지만 이는 포퓰리즘일 뿐 '다중이 모여서 행동하
는 새로운 정치'가 아니다. 네그리·하트에 따르면, 다중의 정치는 '공
동의 것'을 모두에게 돌려주는 방향으로 나아가야 한다. 기득권을 위
해 몇몇 사람이나 집단이 뭉치는 일은 결단코 역사를 발전시키지 않
는다.

이런 잣대로 보자면 다중의 움직임과 포퓰리즘을 가려내기는 어렵지 않다. 다중의 움직임엔 '새로운 세상이 가능하다'라는 믿음이 담겨 있다. 네그리·하트는 "'정체성'이나 '국민 통합' 같은 '상상된 과거의 허상'을 중심에 두고 움직여서는 안 된다"라고 주장한다. '우리'를 앞세우며 다른 사람을 밀쳐내거나 약한 사람을 짓밟으려 한다면, 이는 다중의 움직임으로 볼 수 없다는 의미다.

민주주의에는 정체성이 없다

네그리·하트의 견해는 우리에게 익숙하지 않다. 과연 지도자 없이, 명확하게 내세우는 주장과 조직도 없이 계속해서 사회를 발전시킬 수 있을까? 그러나 네그리·하트는 다중의 행동이 지속적으로 안정되게 움직일 수 있다고 말한다.

브라질에서 토지개혁을 외친 '무無토지 농민운동MST'을 보라. 이는 가난한 농부들이 노는 땅을 차지한 뒤 이를 매입해달라고 당국에 요구한 사회운동으로, 1996년 농민과 경찰 간의 충돌로 많은 사상자가 발생한 '카라자스 농민 학살 사건'을 불러오기도 했다. 결국 브라질 정부는 이를 받아들여 이후 그나마 조금씩 토지개혁을 펼쳤다. 네그리는 2011년에 전개된 '월스트리트를 점령하라Occupy Wall Street'라는 이름의 시위를 다중 운동이 세상의 변화를 이끈 사례로 소개하기도 했다.

"그들(다중)은 단순한 대중이나 군중이 아니다. 독자성을 가진 자율적인 개인의 집합이다. 그것이 하나로 된 것이다. 독자성이 중요하다. 불안정할지도 모르지만, 가능성도 유연성도 풍부한 존재다. (중략) 그들은 무엇을 해야 할지 알기 시작했다. 생각과 의사를 전달하는 힘을 가지고 있다. 이거야말로 진정한 의미에서의 정치라고 나는 보고 있다."

2012년 〈아사히 신문〉과의 인터뷰에서 안토니오 네그리가 한 말이다. 우리 사회에서도 다중의 움직임이 계속 이어지고 있다. 사안마다 인터넷 공간 등에서 여러 시민이 의견을 모으며 정부와 권력자들을 압박하지 않던가.

"내가 가장 두려워하는 것은 열정이 없는 존재가 되는 것이다." 사회운동으로 감옥에 갇혔던 당시 네그리가 한 말이다. 누구도 가지 않은 길을 걷기란 매우 두렵다. 그래서 사람들은 익숙한 과거로 돌아가려고 한다. 하지만 인류가 완전히 자유롭고 평등한 세상은 예전에도 없었다. 희망은 지나간 세월이 아닌 미래에 있다. 다중이 만들어내는 꿈과 지혜를 믿고 '공동의 것'을 나누는 세상을 열어가라는 네그리·하트의 주장은 우리에게 많은 것을 생각하게 한다.

틀을 깨는 상상

기본소득제와 함께 '시민노동citoyen labor' 또한 대가를 받는 정당한 일거리로 인정해달라는 목소리가 높아지고 있다. 이에 따르면, SNS나 유튜브 등에 올리는 다양한 창작물들, 기사마다 달리는 댓글들도 '노동'으로 보아야 한다. 무상으로 올리는 창작물은 말할 것도 없고, 댓글을 달고 검색하는 행위도 운영 회사에 이익이 되는 데이터를 쌓아주는 '일'이기 때문이다. 그렇다면 물건을 팔게끔 시장을 만든다는 점에서 모든 소비자도 '노동자'로 인정해야 할까? 무엇을, 어디까지를 시민노동으로 '인정'해야 할까?

우리는 행복한
파놉티콘에서 살고 있다

미셸 푸코

다미앵의 처형

"2파운드의 뜨거운 밀랍으로 만든 햇불을 손에 들게 하라. (중략) 그레
브 광장에서 죄수를 처형대에 놓고 가슴·팔·넓적다리·장딴지를 타오
르는 쇠 집게로 고문하라. 오른손은 국왕을 죽이려 했을 때 썼던 단도
를 잡게 한 채 유황불로 태워라. 쇠 집게로 지진 곳엔 불로 녹인 납, 펄
펄 끓는 기름과 송진, 밀랍과 유황이 섞인 물을 부어라. 팔다리를 네
마리 말이 잡아끌게 해 사지를 절단한 후, 손발과 몸을 불태워 없애고
그 재는 바람에 날려버려라."

프랑스의 왕 루이 15세Louis XV(재위 1715~1774년)를 암살하려다 체포

된 로베르 프랑수아 다미앵Robert-François Damiens에게 1757년 3월 2일 내려진 판결이다. 그 당시에는 형벌이 이리도 잔인했다. 프랑스의 철학자 미셸 푸코Michel Foucault는 이를 '화려한 신체형'이라고 부른다. 권력은 자기에게 맞선 자에게 확실하게 보복한다. 많은 사람이 볼 수 있도록 공개된 장소에서 '화려하게' 응징한다.

왜 그럴까? 자신이 얼마나 강한지, 자기에게 기어올랐다간 어떤 최후를 맞는지를 보여주어 사람들을 겁먹게 하기 위해서다. 지금도 한반도 북쪽에선 '인민들을 모아놓고 공개 처형을 했다'는 소식이 종종 들려온다. 비행기에 발사하는 고사포를 사람에게 쏘는, 끔찍한 방법을 사용한 경우도 있었다.

하지만 화려한 신체형은 몇몇 독재국가의 사례를 빼고는 지구상에서 거의 사라졌다. 이는 세상이 민주화되고 사람들이 인권을 소중히 여기게 됐기 때문은 아니다. 푸코에 따르면, 지금의 권력은 '거슬리는 자에게 본때를 보여주는 식'으로 힘자랑할 만큼 어리석지 않다. 이제 권력은 눈에 띄지 않으면서 조용하고 집요하게 사람들을 옥죄어 옴짝달싹하지 못하도록 만드는 방법을 펼친다. 그래서 '세상은 거대한 감옥이 되어가고 있다'는 것이다.

규율 권력, 세상을 감옥으로 만들다

화려한 신체형은 권력자에게도 매우 위험하다. 만약 처벌당하는 사람을 다수의 사람이 동정한다면 어떨까? 게다가 권력자의 부당함에 많은 사람이 이를 간다면? 잔인한 형벌은 되레 반란의 불씨가 돼버릴 테다. 잔인한 형벌이 권력자의 비틀리고 폭력적인 성향을 극명하게 드러내어 사람들의 분노를 하나로 모으는 탓이다. 미셸 푸코에 따르면, 그래서 권력은 사람들이 눈치채지 못하도록 자신의 힘을 교묘하고 정교하게 펼치기 시작한다. 이른바 '규율 권력'의 등장이다.

- 제17조: 재소자의 일과는 여름에는 오전 5시, 겨울에는 오전 6시에 시작한다. (중략) 노동과 일과는 여름에는 오후 8시, 겨울에는 오후 9시에 끝난다.

- 제20조: 여름에는 5시 45분, 겨울에는 6시 45분에 마당으로 나와 세수하고 빵을 배급받는다. (중략) 여름에는 6시, 겨울에는 7시에 작업을 시작한다.

- 제22~23조: 10시 40분에 북이 울리면 반별로 교실로 가서 수업을 받는다. (중략) 12시 55분에 다시 북이 울리면 작업장에 정렬한다.

- 제28조: 여름에는 오후 7시 30분, 겨울에는 오후 8시 30분까지 재소자는 손을 씻고 복장 검사를 받은 뒤 감방에 도착한다. 교도관은 각방의 문을 잠근 뒤 복도를 순시한다.

프랑스혁명 후에 만들어진 파리 소년 감화원의 생활 규칙이다. 여기서 나타나듯, 권력은 더는 '보복'과 '응징'을 앞세우지 않는다. 오히려 '교화'와 '교정'을 내세운다. 권력에 맞선 자에게 벌을 주는 것이 아니라 '잘못된 행동을 바로잡는다'는 명분으로 사람들을 규율한다.

파리 소년 감화원의 하루는 철저히 규칙에 따라 굴러간다. 재소자는 '사회를 향해 삐딱한 생각을 가졌다'는 이유론 처벌받지 않는다. '제시간에 못 일어나고, 작업 시간에 게으르다'는 이유로 벌을 받을 뿐이다. 정해진 규칙에 따라 움직이다 보면, 재소자는 결국 권력이 바라는 대로 살게 될 테다.

우리의 일상도 이와 크게 다르지 않다. 민주주의 사회에서 '정부에 불만을 쏟아냈다'는 이유론 처벌하지 않는다. 다만 허가받지 않고 도로·공공장소 등지에 모여 (반정부) 행사를 했다는 이유를 들어 도로교통법 또는 집시법(집회 및 시위에 관한 법률) 위반으로 잡아가거나 고발할 뿐이다. 우리는 정해진 법을 따르려 했을 뿐인데, 결국 권력의 요구에 순응하는 고분고분한 시민이 되어버릴 수도 있다. 규율 권력은 이처럼 법과 원칙을 내세워 사람들을 서서히 길들여나간다.

그러나 우리가 규율 권력에 맞서기란 쉽지 않다. 행동 규정 하나하나는 공공질서를 바로 세우고 사회가 잘 굴러가게 하는 데 필요한 것들이기 때문이다. 앞서 언급한 파리 소년 감화원의 생활 규칙을 살펴보라. 정해진 시간에 일터로 출

웨일스 몬머스 공립학교의 규율. 깔끔하고 단정한 상태로 등교할 것, 일요일에는 학교에 와서 예배를 드릴 것 등 학생과 학부모가 지켜야 할 규정이 적혀 있다.

근하고 공부하러 가라는 규정을 두고서 '잘못된 일'이라며 목소리를 높일 수 있을까? 도무지 여기에 맞설 만한 명분이 없다.

푸코는 '규율 권력은 사회 곳곳에 뿌리내려 있다'고 주장한다. 그러면서 감옥과 군대, 나아가 학교와 병원은 닮은 꼴이라고 말한다. 파리 소년 감화원의 생활 규칙은 학생들이 학교에서 보내는 일상과 크게 다르지 않다. 학교에서는 등하교 시간·수업 시간·점심시간 등을 지켜야 한다. 또한 교복은 어떻게 입어야 하는지, 수업 시간에는 무엇을 하지 말아야 하는지 등이 세세히 정해져 있다.

군대는 어떨까? 군인들은 명령에 따라 모두 똑같이 움직이도록 행동 하나하나를 철저하게 교육받지 않던가? 규율을 철저히 지키게 하고, 규율에서 벗어나면 벌을 내려 '교육'을 통해 바로잡는다는 점에선 군대는 감옥과 같은 모양새다. 병원도 마찬가지다. 환자의 병에 의사가 진단을 내리면, 환자는 의사의 지시대로 생활해야 한다. 만약 의사의 말에 맞선다면 끊임없이 경고를 받는다. 이 경고를 계속 무시했다간 치료를 못 받게 될 수도 있다.

그런데 푸코에 따르면 이제 규율 권력이 펼쳐지는 곳은 감옥과 군대, 학교와 병원에만 국한되지 않는다. 사회 전체가 규율 권력의 손아귀에 들어가버렸다. 온 세상이 감옥과 같이 되어버렸다는 뜻이다.

권력은 지식과 정보를 원한다

화려한 신체형에 집착하는 독재자도 실은 규율 권력을 매력적으로 생각할 듯싶다. 잔인한 형벌로 사람들을 겁주기보다는, 규칙으로 사람들을 옥죄어 순하게 만드는 편이 더 나을 테다. 그래야 폭동과 반란을 일으킬 빌미도 줄어들지 않겠는가. 하지만 규칙으로 사람들을 다스리기란 쉽지 않다. 사람들을 세세히 관찰하며 무엇을 언제 잘못했는지 지적할 수 있어야 하기 때문이다.

학교·병원·군대·감옥은 사람들을 정해진 공간과 시간에 몰아넣는다. 그리고 이들이 얼마나 '정상적으로' 처신하는지를 매 순간 기록하고 평가한다. 예컨대 학교에서는 학생을 끊임없이 평가하고 그 결과를 생활기록부에 남긴다. 병원에서도 환자별 차트에 치료와 처방, 환자의 반응 등을 세세하게 적는다. 마찬가지로 군대와 감옥에서도 구성원에 관한 끊임없는 기록과 평가가 이루어진다.

그렇다면 사회는 어떨까? 고사포로 공개 처형을 하는 나라와 대한민국을 견주어보자. 어느 쪽의 권력이 사회를 더 철저하게 지배하고 있을까? 한 사회가 구성원을 잔인하게 처벌하는 까닭은 사람들을 일일이 통제할 방법이 없기 때문이다. 모든 시민을 감시하는 데 한계가 있을 때는, 사람들을 겁박해 알아서 권력의 눈치를 보게끔 하는 방법을 쓸 수밖에 없다.

반면에 우리 사회는 잔인한 형벌이 자행되는 곳과 다르다. 끔찍한 처벌이 없는 대신, 버스를 타고 물건을 사며 거리를 걷는 등의 모든 행동이 일일이 기록된다. 개인의 신용카드 사용 내역만 살펴봐도 어디를 오갔고 무엇을 했는지 알 수 있다. 수없이 널린 CCTV의 기록을 들여다보면, 개인의 사소한 움직임까지도 금방 드러난다. 인터넷을 사용하면 검색 기록 또한 꾸준히 남는다. 그렇기에 문제가 있는 자를 찾을 때 전산망은 족집게처럼 대상을 짚어내곤 한다. 이런 능력을 갖춘 권력이, 사람들에게 규칙을 따르라며 굳이 겁줄 필요가 있을까?

따라서 권력은 사회와 사람들을 통제하기 위해 엄청난 지식과 정보를 원한다. 더 많이 관찰하고 기록을 남길수록 개개인을 더 철저히 통제할 수 있기 때문이다. 게다가 권력은 무엇이 정상이고 비정상인지를 사람들에게 가르쳐주며 '정상적으로' 움직이라고 강요한다. 권력은 이 모든 일을 사람들이 눈치채지 못할 만큼 은밀하게 이루어낸다.

파놉티콘, 당신을 바라보고 있다

규율 권력을 설명하기 위해 미셸 푸코는 영국의 철학자 제러미 벤담Jeremy Bentham이 고안한 '파놉티콘panopticon(중앙 감시 감옥)'을 끌어들인다. 파놉티콘은 그리스어로 '모두 본다'는 의미다. 실제로 벤담은 간수가 모든 죄수를 볼 수 있는 감옥을 만들려고 했다.

그가 생각한 감옥의 구조는 다음과 같다. 감옥 중심에는 감시탑이 서 있다. 탑의 내부는 어두워서 죄수는 교도관을 볼 수 없다. 반면에 감시탑을 중심으로 원을 그리며 죽 늘어선 감방들은 모두 밝다. 따라서 교도관은 죄수가 무엇을 하는지를 샅샅이 살필 수 있다.

이렇게 설계된 감옥에서는 감시탑에 교도관이 한 명만 있어도 죄수 전체를 관리할 수 있다. 빙 둘러만 봐도 각각의 죄수가 무엇을 하

교도관 한 명이 모든 죄수를 감시할 수 있는 '파놉티콘' 디자인이 적용된, 쿠바 후벤투드섬에 있는 프레시디오 모델로Presidio Modelo. 한때 피델 카스트로가 수감되기도 했으며, 1967년 폐쇄된 후 박물관으로 사용 중이다.

는지를 알 수 있는 까닭이다. 한편 죄수는 언제나 감시탑에 신경이 쓰인다. 탑 안에 교도관이 있는지, 자신을 보고 있진 않은지 알 수 없기 때문이다. 그래서 죄수는 교도관이 자기를 보고 있을지도 모른다는 생각에 늘 긴장하며 생활한다. 자신을 감시하는 눈초리를 스스로 마음에 심어놓고 조심하는 셈이다.

규율 권력이 지배하는 세상을 살아가는 것은 우리도 마찬가지다. 사실 사회시스템이 우리 삶을 매 순간 들여다보며 평가할 리는 없다. 그런데도 우리는 알아서 조심한다. 코로나19 상황을 예로 들어보자.

마스크를 썼는지, 방역 지침을 어기고 모이진 않았는지 등을 일일이 지적받지 않아도 스스로 살피게 되지 않던가? 이는 문제가 생기면 결국 개인의 동선과 행동이 낱낱이 드러난다는 사실을 알고 있기 때문이다. 발전한 정보 기술IT은 온 세상을 파놉티콘 같은 '전자 감옥'으로 만들어버렸다. 푸코는 《감시와 처벌》(1975)에서 '이제 우리는 규율 권력의 시선이 지배하는 세상에서 벗어나기 어렵게 되었다'며 한숨을 쉰다.

행복한 감시사회

중국의 '네트워크 안전법' 제28조에 따르면 '네트워크 사업자는 공안 기관, 국가 안전 기구가 법에 따라 국가의 안보를 지키고 범죄 활동을 조사하도록 기술 지원과 협조를 제공해야 한다'. 한마디로 나라가 요구하면 네트워크 운영자는 이용자의 개인 정보를 낱낱이 제출해야 한다는 뜻이다. 중국의 '톈왕天网' 공정은 도시의 CCTV들을 인공지능AI과 네트워크로 촘촘하게 엮어 사람들을 살핀다. 2015년부터는 시골에도 AI 감시 카메라망을 설치하는 '쉐량雪亮' 프로젝트를 진행하고 있다. 이렇게만 보면 중국은 IT로 빚어낸 디스토피아처럼 느껴진다.

하지만 놀랍게도 중국 인민들은 그렇게 생각하지 않는다. 여론조사 결과에 따르면, 응답자의 94퍼센트는 중국이 '올바른 방향으로 나아가고 있다'고 답했다. 이들은 감시와 통제를 억압으로 받아들이기

CCTV, 전자 상거래 등 치밀해지는 정보망은 우리를 안전하고 편리하게 하는 동시에 우릴 더욱 촘촘하게 옥죈다.

보다, 국가가 적극적으로 시민을 보호하고 편의를 보장한다고 여긴다. 중국인들은 왜 그렇게 생각할까?

사실 이는 중국만의 특별한 모습이 아니다. 우리 사회에도 감시 카메라가 없으면 불안해하며 치안의 허술함에 혀를 차는 사람이 많다. 점점 치밀해지는 정보망은 우리 삶을 모조리 기록하지만, 이에 따라 편리함도 늘어난다. 결제·신원 확인부터 방역망 구축에 이르기까지 시민들이 개인 정보를 내주고 정보망에 몸을 맡길수록 안전하고 간편해지는 일이 얼마나 많던가. 검열뿐 아니라 전자 상거래, 모바일 결제, 공유 자전거 등으로 정보화의 '끝편왕'이 된 중국을 기지다니 가이와 다카구치 고타가 《행복한 감시국가, 중국》에서 '행복한 감시 사회'라고 부르는 이유다.

세상은 '바른 사회'로 바뀌어가고 있다. 우리 사회의 대다수 시민은 통제와 감시에 따라 법을 잘 지킨다. 위법한 짓을 특별히 하지 않는 한, 정부의 지도로 생활이 더 안전하고 풍요로워진다고 생각하는 까닭이다. 코로나19 방역으로 사생활이 촘촘히 '관리'되는데도, 이를 '개인의 자유를 빼앗는 일'이라고 말하는 목소리는 잘 들리지 않는다.

인간의 삶은 가축의 삶과 무엇이 달라야 할까

"감옥이 없다면 우리 사회 자체가 감옥이라는 사실을 금방 알았을 것이다." 프랑스의 작가 모리스 블랑쇼Maurice Blanchot의 말이다. 규율 권력은 세상을 점점 '행복한 감옥'으로 바꾸어가고 있다. 미셸 푸코가 말하는 '권력'은 누군가가 손아귀에 넣을 수 있는 것이 아니다. 시선과 기록으로 사회를 움직이는 원리일 따름이다. 엄격한 규율과 시선에 지배받는 것은 권력자라고 해서 다르지 않다. 위법과 특권이 통하기 어려워지며 우리 사회는 점차 투명해지고 있다. 나아가 사람들은 점점 더 법을 잘 지키고, 세상 역시 점점 정의로워지는 듯 보인다.

그런데도 규율 권력에 대한 푸코의 설명을 듣는 내내 가슴 한편이 답답한 이유는 왜일까? 규칙의 지배에 따라 길들여진 인생은 가축의 삶과 얼마나 다를까? 말년의 푸코는 이 물음에 관한 답을 찾고 싶었던 것은 아닐까? 그의 글을 읽을수록 생각이 많아진다.

틀을 깨는 상상

조지 오웰의 《1984》와 올더스 헉슬리의 《멋진 신세계》는 독재 권력이 세상을 지배하는 디스토피아를 그린 대표작들이다. 정보화 사회는 《1984》와 《멋진 신세계》가 동시에 실현하고 있는 듯싶다. 한편으로 네크워크화되는 세상은 《1984》에서처럼 사회를 철저한 감시망 속으로 몰아넣는다. 다른 한편으로, 다양한 볼거리와 즐길 거리는 《멋진 신세계》에서처럼 사람들이 중요한 문제를 진지하게 생각하지 않도록 정신줄을 놓게 만든다. 위기는 위기라는 사실을 모를 때 찾아든다. 지금 우리는 강력한 독재 권력이 출현하기에 충분한 조건 속에 살고 있지는 않을까?

아케이드 진열장에서 엿본
자본주의의 환상

발터 베냐민

길을 잃는 데도 훈련이 필요하다

낯선 곳에 처음 도착하면 주위의 모든 것이 호기심을 자아낸다. 하지만 시간이 지나 그 장소에 익숙해지면 주변 풍경은 그저 일상의 배경으로 여겨질 뿐이고, 중요한 의미를 지닌 것에도 좀처럼 관심이 가지 않는다. 그런데 고고학자들의 시선은 남다르다. 이들은 '매의 눈'으로 익숙하고 평범한 대상에서도 역사의 흔적을 짚어낸다.

독일 출신의 철학자 발터 베냐민Walter Benjamin은 고고학자처럼 철학을 한 사람이다. 베냐민은 평생 산책자(도시를 배회하며 도시 생활을 경험하는 사람. 프랑스의 시인 샤를 보들레르를 시작으로 발터 베냐민, 프랑스의 철학자 장보드리야르 등이 이론화한 개념이다)로 도시를 헤맸다. 그러면서 거리의 건

도서관에서 자료를 찾는 발터 베냐민.

물·장식·상품 등으로부터 문명의 본질을 꿰뚫곤 했다. 그는 이렇게
말했다. "도시에서 길을 잃는 데도 훈련이 필요하다. 이때 거리의 이
름들은 (중략) 방황하는 자에게 말을 건넨다."

　살아생전 베냐민은 학계에 뿌리내리지 못했다. 글 쓰는 스타일이
무척 독특했기 때문이다. 그의 책 대부분은 메모 같은 조각 글로 채워
져 있어, 글로 짠 콜라주 같은 느낌을 줄 정도다. 그래서 베냐민의 논
리를 체계적으로 따라가기란 상당히 버겁다. 학계에서 크게 인정받진
못한 그는 결국 프리랜서 작가로 살았다. 하지만 프리랜서 작가로서
도 그다지 성공한 것 같진 않다. 그기 활동한 1920·1930년데엔 신문
과 잡지의 수가 대폭 늘어나 여기저기서 글 쓸 사람을 필요로 했는데
도, 베냐민이 매우 바빴던 적은 많지 않았다.

하지만 이 점은 베냐민에게 되레 기회가 됐다. 시간이 많고 주머니 사정이 빠듯한 사람이 하루를 괜찮게 때울 방법은 뭘까? 산책하기와 책 읽기가 아닐까? 베냐민은 낯선 거리를 끊임없이 헤맸고, 도서관 에서도 긴 시간을 보냈다. 이러면서 그는 '평범한 깨달음'을 쌓아갔 다. 거창한 주제로 논문을 쓰거나 사색하기보다, 도시의 온갖 풍경과 소소한 물건들을 살피며 시대의 위기와 문제의 핵심을 간파했던 것 이다.

일방통행로에서 바라본 것들

발터 베냐민이 철학을 하는 스타일은 1928년에 펴낸《일방통행로》 에서 잘 드러난다. 왜 제목이 '일방통행로'일까? 글머리에서 베냐민 은 자신의 연인인 라트비아 출신의 배우이자 혁명가 아샤 라치스Asja Lācis를 '자기 마음의 길을 뚫어준 엔지니어'라 치켜세우며, 일방통행 로를 '아샤 라치스의 길'이라고 부른다. 다른 한편으론 일방통행로는 진보와 발전이란 꿈을 향해 곧바로 나아가던 당시 세상을 빗댄 말인 듯싶다.

《일방통행로》의 구성은 독특하다. 거리에는 간판과 광고, 온갖 잡동 사니가 널려 있기 마련이다. 베냐민은 길에서 본 어떤 것들에 관해 떠 오르는 생각을 마치 메모하듯이 써 내려갔다. '아침 식당', '113번지', '귀족풍 가구로 꾸며진 방 열 칸짜리 저택', '카이저 파노라마관(19세 기 후반에 발명된 입체경 기계. 여러 사람이 둥그런 원통형 장치에 둘러앉아 각 자리

앞의 구멍을 통해 동시에 입체 이미지를 볼 수 있다)', '계단 주의!' 등《일방통행로》의 소제목은 당시 독일의 도시에서 쉽게 마주쳤을 법한 대상들을 가리킨다.

베냐민은 마치 중세의 문장紋章, emblem을 대하듯 각 대상을 세심히 바라보며 생각을 풀어낸다. 중세 문장의 그림에는 여러 의미를 품은 상징이 담겨 있다. 마찬가지로 베냐민에게 길거리와 일상 곳곳의 사물은 문명의 고갱이를 오롯이 품고 있는 상징과도 같다.《일방통행로》속〈공인회계사〉의 한 구절을 살펴보자.

"수백 년 전부터 문자가 서서히 눕기 시작했다. 비석에 새겨져 서 있던 문자가 탁자 위에 비스듬히 놓인 손 글씨가 되더니, 마침내 인쇄물이 되어 바닥에 완전히 누워버렸다. 이제 문자는 다시금 서서히 일어나고 있다. (중략) 영화와 광고는 문자를 수직으로 세우고 있다. 우리 시대에 이르러서는 사람들이 책 한 권 펼쳐볼 틈도 없게 되었다. 그들의 눈 위로 변화무쌍하고 다채로운 철자의 눈보라가 내려앉고 있기 때문이다. 이제 사람들은 책이 주던 고요함에 빠질 기회를 잃어버렸다. 오늘날 문자의 메뚜기떼는 대도시 사람들이 정신이라 믿었던 태양을 가려버렸고, 이 무리는 해가 갈수록 더욱 빽빽해질 것이다."

화려한 광고판과 선전 문구가, 사색의 깊이를 더하는 독서를 밀어내는 모습을 설명한 대목이다. 베냐민이 1920년대에 들춰낸 현대 문명의 특징은 21세기 들어 더 뚜렷해지고 있다. 인터넷과 스마트폰의 시대에 독서는 점점 드물어지고 있지 않던가? 또한 SNS를 가득 채우는 '문자의 메뚜기떼'는 우리를 몹시 정신없이 만든다. 이런 현실에서 우리는 무엇을, 어떻게 해야 할까? 베냐민은 지금의 우리에게도 깊은 생각거리를 던진다. 어찌 보면 그의 글은 '사유 이미지'와도 같다. 이미지 '짤'처럼, 문제의식을 담은 조각 글들로 사람들의 비판 정신을 일깨운다는 뜻이다.

예술작품의 아우라

'아우라aura'는 발터 베냐민이 세상에 내놓은 개념 가운데 가장 유명하다. 이 단어는 그가 1935년 펴낸《기술복제시대의 예술작품》에 등장한다. 베냐민이 이야기하는 아우라란 '아무리 가까이 있더라도 멀리 있는 어떤 것의 일회적 현상'이다. 무슨 말일까?

신상神像을 예로 들어보자. 성당에 놓인 예수상이나 사찰에 놓인 불상은 무척 신성스럽다. 한데 이를 박물관에 전시하면 어떨까? 그 모습이 관람객에게 아름답게 다가갈지는 몰라도 원래의 공간에서 풍기던 느낌은 좀처럼 살아나지 못할 것이다. 아우라는 대상이 지닌 특유의 분위기와 느낌이다. 여기엔 오랜 세월 쌓여온 독특한 무엇이 담겨 있다.

베냐민에 따르면, 당시 첨단 기술로 떠오르던 사진과 영화는 아우라의 의미를 완전히 바꾸어버렸다. 원래 아우라는 오직 한 곳에서만, 나아가 한순간에만 느낄 수 있는 독특한 경험이다. 그런데 사진은

루브르박물관에 걸린 〈모나리자〉 앞에서 사진을 찍
는 사람들은 원작의 아우라를 그대로 복제해 원하
는 곳, 원하는 순간에 느끼고자 한다.

이를 언제 어디서나 가능한 것으로 만들어버렸다. 예컨대 사진엽서는 관광지의 감동을 사람들이 세계 곳곳에서 느끼게 만들지 않았던가. 물론 사진에도 나름의 아우라가 있다. 프랑스 파리의 루브르박물관에 걸려 있는 〈모나리자〉와 한국의 미용실에 걸린 복제품 〈모나리자〉를 견주어보라. '기술복제시대의 예술작품'은 나름의 독특한 아우라를 갖추고 있다.

나아가 베냐민은 영화가 가져온 변화도 주의 깊게 바라본다. '주인공이 창문을 넘어 달아나는 영화'를 예로 들어보자. 주인공이 실내에서 창문턱에 올라가는 장면, 건물 밖에서 달아나는 장면은 따로 촬영된다. 창문턱에 올라가는 모습은 세트장에서, 달아나는 모습은 야외에서 찍는 식이다. 게다가 영화를 촬영할 때는 세트장에서 담아야 할 장면과 야외에서 촬영할 광경을 같은 장소끼리 몰아 각각 한번에 찍는다. 그러니 감독이든 배우든 창문을 넘어 달아나는 장면을 촬영한다고 해서 도망자의 아우라를 느낄 리 없다. 촬영한 화면들을 짜깁기해서 그런 느낌을 만들 뿐이다.

그래서 사진과 영화는 정치 선전에 딱 어울린다. 먼저 사진의 의미는 그 밑에 달린 설명에 휘둘린다. 감상자는 사진이 찍힌 당시의 분위기를 알 도리가 없다. 그냥 찡그린 얼굴이 담긴 사진일 뿐인데도 '분노하는 시민'이라는 제목을 붙여놓으면 사진 속 표정은 감상자에게 비장함으로 다가온다. 영화도 마찬가지다. 찡그린 얼굴, 불타는 거리, 군대 행진 장면이 이어서 나온다면 무엇이 떠오르겠는가? 서로 상관없는 장면들도 모이면 하나의 새로운 메시지를 만들어낸다.

사진과 영화는 상황을 있는 그대로 담아낸 것처럼 보이기에 사람들에게 거짓이 아니라는 착각을 주곤 한다. 사진·영화 속 이미지와 제작자의 생각을 가려내려는 마음이 사라질 때, 우리는 나쁜 의도를 품은 자들에게 휘둘릴 수 있다. 특히 《기술복제시대의 예술작품》이 출간된 때는 독일의 아돌프 히틀러와 이탈리아의 베니토 무솔리니Benito Mussolini가 떠오르던 시대이기도 했으니, 베냐민의 통찰이 지닌 의미는 남다를 수밖에 없다.

환상에 맞서는 백신, 아케이드 프로젝트

발터 베냐민은 늘 우유부단했다. 나아가 진득하게 일하는 성격도 못 되어서 아이디어 차원에만 머문 연구가 적지 않다. 하지만 특이하게도, 프랑스 파리의 '파사주passage'에 대한 베냐민의 관심만큼은 꾸준하고도 집요했다. 그는 1926년 무렵부터 삶의 마지막에 이를 때까지 파사주 연구에 매달렸다. 그 결과물이 베냐민 사후 세상에 나온《아케이드 프로젝트》(1982)다. 이 책은 베냐민의 여느 저서처럼 수많은 조각 글로 구성돼 있다. 게다가 미완성 상태다. 그러나 방대한 분량의 자료 모음집 같은 이 책이 어떤 의도를 품고 있는지는 비교적 분명하게 다가온다. 그렇다면 일단 파사주란 무엇일까?

프랑스어 파사주를 영어로 옮긴 말이 '아케이드arcade'다. 이는 여러 상가에 지붕을 씌워 연결한 거리를 뜻한다. 베냐민이 살던 시대에 파사주는 유행에 뒤처지고 있었다. 새롭게 등장한 백화점이 훨씬 더 인

사람들은 아케이드 상점 안에 가득 들어찬 상품들을 손에 넣기만 하면 영원한 행복을 얻을 거라 생각하지만, 이러한 기대는 '환등상'에 지나지 않는다.

기를 끌었던 까닭이다. 베냐민은 경쟁에서 밀려 사라져가는 파사주에서 당시 문명의 고갱이를 찾아낸다. 여기서도 사소한 단서에서 중요한 증거를 발견하는 고고학자 같은 베냐민의 감각이 돋보인다.

파리의 파사주는 섬유산업이 발달하며 자본주의가 피어나던 1820년대에 생겨났다. 지붕을 씌운 상가엔 새롭고 화려한 상품들이 넘쳐났다. 지붕의 재료인 철골과 유리도 당시로선 최첨단 소재였다. 심지어 파사주는 가스등이 처음으로 등장한 곳이기도 했다.

파사주는 '자본주의의 신전'과도 같았다. 인공조명 아래서 온갖 새로운 것이 '영원한 행복'을 약속하고 있었기 때문이다. 사람들은 '저 신상품만 갖는다면 내 삶은 이내 행복감에 영원히 빠지게 될 듯싶다'고 느꼈다.

물론 그런 기대가 현실이 될 리는 없다. 이 점에서 파사주가 만들어낸 풍경은 환등상幻燈像(그림·사진·실물 등에 강한 불빛을 비추어 그 반사광을 렌즈로 확대해서 영사한 이미지)이 주는 환상일 뿐이다. 모두 알다시피 신상품이 주는 만족감은 이내 스러져버릴 테다. 연이어 나타나는 새로운 제품들이 내가 이미 손에 넣은 것들에 싫증을 느끼게 만드는 탓이다.

그러나 시장은 이런 현실을 계속해서 감춘다. 물건을 팔기 위해선 사람들에게 '이것만 가지면 행복해진다'는 환상을 끝없이 불어넣어야 하기 때문이다. 베냐민에 따르면, 파사주가 유행의 뒤안길로 사라져가는 모습은 자본주의가 안기는 환상에 맞서는 백신과도 같다. 화려하고 영원할 듯싶은 상품도 결국은 낡아 사라지리라는 점을 분명하게 보여주기 때문이다.

베냐민은 비상 경고등이다

1940년, 독일계 유대인인 발터 베냐민은 나치스를 피해 달아나다가 스스로 목숨을 끊고 말았다. 그가 살던 20세기는 과학기술이 발전하고 문화가 꽃피던 시기였다. 인류 사회가 마침내 평등하고 공정한 세상으로 나아가리라는 혁명의 꿈이 무르익기도 했다. 하지만 베냐민의 시대는 결국 참혹하고 잔인한 세계대전과 인종 학살로 채워졌다.

우리의 현실은 이와 얼마나 다를까? 과학기술은 끊임없이 발전하며, 세계화한 시장은 온 세상을 공평하게 만들어주는 듯했다. 그렇지만 러시아-우크라이나 전쟁, 중국과 타이완의 갈등에서 보듯 세계는 새로운 전쟁의 두려움으로 빠져들고 있다. 베냐민은 문명이 잘나가던 시기에도 위기의 증거를 찾아 사람들을 긴장시키며 '비상 경고등'과 같은 역할을 했다. 우리 시대에는 그런 지식인이 얼마나 있을까? 베냐민을 알면 알수록 현시대를 향한 고민도 깊어만 간다.

틀을 깨는 상상

발터 베냐민은 이미 한 세기 전에, '문자의 메뚜기떼' 탓에 인류 문명이 깊은 생각이 힘든 시대로 접어들고 있다고 경고했다. 사람들의 지적 지구력은 지금도 가파르게 떨어지고 있다. 이제는 흥미를 잡아끄는 숱한 '숏 영상(짤)' 때문에 영상을 길게 보는 일조차 버거워하는 사람들도 많다. 하지만 인류가 다시 긴 호흡의 읽기가 필요한 인쇄 문명으로 돌아갈 것 같지는 않다. 그렇다면 해법을 달리 찾아보면 어떨까? 짧은 생각으로 깊은 통찰을 이끄는 방법은 없을까? 순간적인 느낌에 정확하게 판단하는 능력을 심는 지혜는 불가능할까?

3장

문명의 로드맵을
세우려는 노력

통찰을 기르는 철학

디지털 매체가 열어갈 미래는 희망적일까

마셜 매클루언

디지털 문화의 예언자

오늘날 우리에겐 밤늦게까지 활동하는 일이 특별하지 않다. 심지어 낮과 밤이 바뀌었다며 한숨 쉬는 이들도 주변에서 종종 볼 수 있다. 그러나 과거에는 이런 일이 무척 신기한 광경이었다. 전등이 발명된 뒤에야 비로소 사람들은 밤에도 마음껏 활동할 수 있게 되었기 때문이다. 하지만 전등이 이미 사회에 널리 보급된 이후 태어난 우리로선 전깃불은 물과 햇빛, 공기같이 세상에 당연하게 존재하는 것일 뿐이다.

스마트폰은 어떨까? 최초의 스마트폰은 1992년에 나왔다. 이 무렵 태어난 세대는 인류 최초의 '디지털 네이티브digital native'라고 할 만하

마셜 매클루언이 자신의 이미지가 나타나는 텔레
비전에 기대어 있다. 그는 텔레비전이 인류 문명을
정상으로 되돌려놓았다고 주장했다.

다. 그들이 출생했을 때는 이미 인터넷과 스마트폰 등 디지털 기술이 세상을 이끌어가고 있었기 때문이다. 최근 MZ세대를 둘러싸고 세대 간 갈등을 걱정하는 목소리가 높다. 그러나 스마트폰을 혁신적인 발명품으로 받아들이는 기성세대와 스마트폰을 공기처럼 자연스럽게 느끼는 젊은 세대의 생각이 과연 같을 수 있을까?

캐나다의 영문학자이자 언론학자인 마셜 매클루언Marshall Mcluhan은 '미디어는 메시지다'라는 말로 유명하다. 그는 당시 전구를 만들던 회사인 제너럴일렉트릭GE도 통신 업체인 AT&T와 마찬가지로 실은 '정보를 전달하는 (미디어) 회사'라고 잘라 말했다. 왜냐하면 전깃불이 밤을 낮같이 바꾸어놓았기 때문이다. 전깃불 자체가 세상에 '사람들의 생활은 이래야 한다'는 메시지를 강하게 던진 셈이다. 그의 논리는 스마트폰을 둘러싼 이야기에도 적용될 수 있다.

요즘은 책을 안 읽는 사람이 많다. 시험공부를 할 때나 겨우 책장을 뒤적일 뿐, 필요한 정보는 대부분 스마트폰을 통해 인터넷에서 얻는다. 전깃불이 흔한 세상에서 굳이 호롱불을 쓰자고 고집부리는 사람이 있다면 이상해 보일 것이다. 이와 마찬가지로, 스마트폰으로 손쉽게 정보를 얻을 수 있는데 굳이 책을 찾아 읽으라고 권하는 것도 이상하지 않을까?

매클루언이 살던 시기에는 현재와 같은 인터넷도, 스마트폰도 없었다. 라디오와 텔레비전 정도가 자리 잡고 있었을 뿐이다. 그런데도 매클루언의 논리는 웹으로 하나 된 지금의 세계를 꿰뚫고 있다. 이것이 그를 '디지털 문화의 예언자'라고 부르는 이유다.

텔레비전이 인류 문명의 구원자?

한때 텔레비전은 '바보상자'라고 손가락질을 당했다. 정신을 홀리는 것이 가득한 화면만 들여다보다간 '생각하는 능력'을 잃게 되리라고 여긴 탓이다. 그러나 마셜 매클루언은 〈전자혁명, 뉴미디어의 혁명적인 파급효과〉(1959)에서 이런 걱정에 손을 내저었다.

> "(16세기 사람들이 인쇄술에 우려를 표한 것은) 오늘날 텔레비전을 걱정스럽게 바라보는 것과 같은 현상이다. (중략) 이러한 과거에 대한 집착은 소중한 시간을 낭비하는 것으로 지금도 변치 않고 있다."

매클루언은 되레 텔레비전이 인류 문명을 정상으로 되돌려놓았다고 칭찬을 아끼지 않았다. 왜 그랬을까? 매클루언의 주장을 이해하려면 그가 설명한 '인류의 발전 단계'부터 살펴보아야 한다.

글자가 보편화하기 전, 인류는 입과 귀로 감정과 정보를 나누었다. 이 시기가 구술이 중심이 된 부족 시대, 즉 '구어 시대oral age'다. 기원전 8세기 무렵 지어진 호메로스Homeros의 서사시 〈일리아스〉와 〈오디세이〉도 입과 귀로 전해졌다.

입과 귀를 통한 대화는 말하는 이와 듣는 이가 가까이 있어야 하기에, 이야기는 늘 누군가와 함께하는 일이다. 게다가 말을 나눌 때는 온갖 감각이 끼어든다. 청각과 시각뿐 아니라 촉각과 후각도 영향을 미치고, 음식을 먹으며 대화하는 경우엔 미각이 동원되기도 한다. 대화는 꼭 논리의 순서에 맞게 흐르진 않는다. 앞뒤 내용이 뒤섞이기도 하고 엉뚱한 방향으로 논의가 튀기도 한다.

구어 시대에도 글을 쓰고 읽는 사람들이 있긴 했다. 하지만 그 수는 아주 적었다. 사람들은 글을 손으로 직접 썼으며 소리를 내어 읽곤 했다. 구어 시대에는 쓰기와 읽기에서도 촉각과 청각이 중요했다는 의미다.

구텐베르크 시대, 입말을 밀어내다

1440년경, 요하네스 구텐베르크Johannes Gutenberg가 활판인쇄술을 선보이자 구어 시대는 빠르게 무너져내렸다. 활판인쇄로 책을 대량생산하게 되면서 글은 아주 흔해졌다. 덩달아 글자를 읽을 줄 아는 사람도 늘어났다. 이 시기를 마셜 매클루언은 '구텐베르크 시대Gutenberg age', 즉 '인쇄 시대print age'라고 불렀다.

사람들은 입말로 전해지는 이야기보다 활자로 기록된 정보를 더 믿고 따랐다. 글을 읽을 때는 대화할 때와 달리 감정에 휘둘리지 않을뿐더러, 말하는 이가 누구인지에도 영향받지 않기 때문이었다. 객관적이고 정확하게 현실을 알아내고 판단할 수 있다는 점에서 글은 지혜에 가장 가까이 다가갈 수단으로 여겨졌다.

인쇄 시대는 개인주의와 합리주의를 낳기도 했다. 글을 쓰거나 읽을 때는 옆에 사람이 있어야 할 필요가 없었다. 사람들이 각자의 자리에서 조용히 눈으로 글을 읽게 되면서 사회에 개인주의가 자리 잡

16세기의 인쇄소 풍경. 인쇄술 발명 이후 책을 대량생산할 수 있게 되면서 사람들은 입말로 전해지는 이야기보다 활자로 기록된 정보를 더 신뢰하게 되었고, 감각과 감정 대신 합리적이고 이성적인 판단을 중시하게 되었다.

왔다. 또한 인쇄 시대에는 시각이 가장 중요한 감각으로 떠올랐다. 촉각·후각·청각 같은 다른 감각은 뒤로 밀려났다. 이성적인 생각과 판단이 무엇보다 중요한 것으로 간주됐기에, 시각을 제외한 감각은 '오류'를 낳을 뿐이라고 여겨졌다. '감각이나 감정으로 뒤틀리지 않은 논리적인 사고가 가장 바람직하다'는 합리주의 역시 이렇게 뿌리를 내렸다.

문명도 인쇄 시대에 맞게 바뀌어갔다. 활판인쇄는 똑같은 내용의 글을 반복해서 많이 찍어낼 수 있었다. 이는 대량생산하는 산업사회의 특징과도 통했다. 그렇게 인쇄 시대는 과학과 산업의 큰 발전을 낳았다.

전자 시대, 다시 입말이 떠오르다

그러나 마셜 매클루언은 인쇄 시대를 마뜩잖게 여겼다. 책으로만 세상을 배우는 것이 과연 바람직하던가? 인간은 여러 감각과 감정을 경험하며 살아간다. 글자를 읽는다는 이유로 시각이 훨씬 중시되어 다른 감각이 도외시된 모습은 정상이 아니라는 것이다.

　매클루언의 생각은 우리의 상식과도 통한다. 글로 충분히 의견을 나눌 수 있는데도 굳이 '만나서 이야기하자'라고 말하는 까닭은 무엇일까? 일상은 논리만으로 굴러가진 않기 때문이다. 겉으로 드러난 주장보다, 감성과 미묘한 분위기가 훨씬 더 중요한 경우가 얼마나 많던가? 이렇게 보면 논리와 합리적 생각을 최고로 여긴 인쇄 시대는 정상이 아닌 '변태'에 가깝다.

　그래서 매클루언은 20세기에 세상으로 퍼진 라디오와 텔레비전을 '문명의 구원자'로 크게 환영했다. 라디오와 텔레비전으로 시작된 '전자 시대electric age'는 인류에게 구어 문명을 되돌려주었다.

　라디오는 재밌는 이야기로, 텔레비전은 움직이는 영상으로 사람들을 사로잡는다. 전자 매체에서는 논리만큼이나 감성이 중요하며, 순서와 절차보다 그때그때 터져 나오는 재미와 감동이 더 소중하다. 사람들은 인쇄된 글보다 전자 매체를 훨씬 더 좋아한다. 다른 자극은 밀쳐낸 채 시각 하나에만 의존하는 인쇄된 글보다, 여러 감각에 호소하는 전자 매체가 훨씬 더 흥미진진하지 않던가. 게다가 인간은 원래 오감을 사용해 말하고 들으며 감정과 정보를 나누는 존재다. 전자 매체는 이러한 인간의 본모습과도 잘 맞는다.

매클루언이 라디오와 텔레비전의 등장에 환호한 이유가 여기에 있다. 그가 인터넷과 스마트폰을 본다면 '구어 문화가 완벽하게 실현되었다'며 손뼉을 칠지도 모르겠다.

부족화·탈부족화·재부족화

나아가 마셜 매클루언은 전자 매체가 인류에게 '공동체'를 돌려줬다고 말한다. 대화를 나누려면 상대방이 있어야 하고, 말소리는 멀리 퍼지지 못하므로 음향 공간acoustic space이 넓어지는 데는 한계가 있다. 그래서 구어 문명은 가까운 사람끼리 공동체를 꾸리도록 이끈다. 이런 모습을 가리켜 매클루언은 '부족화tribalization'라고 부른다. 예컨대 구어 문화가 널리 퍼진 사회에서는 지역마다 쓰는 말이 제각각이다. 사투리도 많고 표현도 조금씩 다르다. 공동체 내부의 공감대와 특색 있는 문화가 만들어지는 까닭이다.

인쇄 문화에서는 정반대다. 글을 읽을 때는 쓴 사람이 눈앞에 있어야 할 필요가 없으므로, 종이에 활자로 찍힌 글은 널리 퍼져나간다. 인쇄된 글에서는 맞춤법을 중시한다. 어디서나 뜻이 통하도록 '표준'을 따라야 하기 때문이다. 독자들은 모두 똑같은 내용을 보고 객관적으로 생각해야 한다. 따라서 인쇄 문화는 지역이나 마을의 특징을 없애버린다. 매클루언은 인쇄 문화의 특징으로 '탈부족화detribalization'를 꼽는다.

마셜 매클루언은 라디오가 사람들을 하나로 모으는 '부족의 북'과 같은 역할을 한다고 보았다. 라디오를 설치하고 주변에 모여든 군인들.

반면에 전자 매체는 사람들을 끼리끼리 모이게 한다. 라디오를 예로 들어보자. 라디오는 사람들을 하나로 모으는 '부족의 북tribal drum'과도 같다. 1930년대 유럽에서는 라디오로 정치 선전을 했다. 라디오에서 지도자의 말소리를 들으며 감동한 시민들은 자신들이 하나라고 느꼈다. 그 점은 텔레비전도 별반 다르지 않다. 좋아하는 방송 프로그램에 따라 사람들은 자연스레 무리를 짓고 이야기를 나누지 않던가. 이렇게 인류는 전자 매체를 통해 '재부족화retribalization'되었다.

매클루언은 '지구촌global village'이라는 말을 처음 쓴 사람이다. 그가 생각한 지구촌은 요즘 유행하는 단어인 '세계화'와는 의미가 다르다. 세계화는 모든 문화와 가치가 하나로 버무려지는 것을 뜻한다. 그러나 지구촌이란 '사람들이 곳곳에서 저마다의 특징을 지닌 무리로 뭉쳐서 다양함을 펼치는 모습'을 의미한다. 지금의 인터넷 세상은 매클루언이 말한 지구촌에 가까울 듯싶다. 사는 곳은 이제 중요하지 않다. 사람들은 지구 위 어디에 살든 인터넷 세상에서 취향이나 신념, 가치관이 비슷한 이들을 찾아내 모인다. 매클루언이 그토록 바라던 구어 시대가 세계적 규모로 실현된 모양새다.

핫미디어와 쿨미디어

그렇지만 온종일 스마트폰만 붙잡고 있는 이들을 바라보면 여전히 마음이 편치 않다. 책을 점점 멀리하는 분위기에 가슴 아파하는 사람도 많다. 이런 불편한 심정은 잘못된 것일까? 문명의 변화를 제대로 읽지 못해서 생긴 편견에 지나지 않을까? 우리는 이제 책을 던져버리고 인터넷 세상이 열어준 구어 문화에 더욱 적극적으로 뛰어들어야 할까?

마셜 매클루언이 말하는 '핫미디어hot media'와 '쿨미디어cool media'에 대한 설명을 보면, 반드시 그럴 필요는 없다는 생각이 든다. 핫미디어란 '하나의 감각을 여러 정보로 가득 차게 하는 매체'를 말한다. '책'은 대표적인 핫미디어다. 책은 정보량이 무척 많으며, 글자를 눈으로 읽고 머리로 이해하게끔 이끈다. 한편 '만화'는 쿨미디어다. 만화엔 정보가 비어 있는 부분이 많기에 독자는 상상으로 빈자리를 메꿔야 한다.

어떤 미디어가 '핫'하고 '쿨'한지는 정해져 있지 않다. 예컨대 영화는 만화에 견주면 '뜨겁다'. 빈자리 없이 장면마다 정보로 가득 차 있기 때문이다. 오감을 온통 자극하면서 마음마저 사로잡는 컴퓨터게임은 어떨까? 이는 영화보다 더 짜릿하고 '뜨거운' 매체가 아닐까? 한편 어떤 게임들은 이용자의 참여도가 높다는 점에서 '차가운' 매체의 특징을 보이기도 한다. 정보를 자기 방식대로 적극 해석해야 한다는 뜻이다.

문제는 '인터넷 세상의 모든 콘텐츠는 핫미디어가 되기 위해 발버둥을 치고 있다'는 사실에 있다. 잘 짜인 동영상은 기막힌 장면과 섬세한 논리로 우리 마음을 휘어잡는다. 이런 동영상을 보면서 딴생각하기란 쉽지 않다. 요새 떠오르는 '메타버스'는 또 어떤가. 그 안에서 벌어지는 일과 활동하는 캐릭터는 실제보다 더 강렬하게 우리의 오감을 사로잡는다. 현실보다 화면 속 가상 세계에 더 빠져들게 하는 이런 '가짜 현실'은 과연 바람직할까?

매클루언은 1980년에 세상을 떠났다. 그가 만약 전자 매체가 되살려놓은 지금의 구어 시대를 본다면 뭐라고 이야기할까? 구어 시대에도 문제는 많다. 또한 '글을 읽는 이가 무척 적었던 시대에도, 글을 많이 읽은 사람이 현자賢者로 대접받았다'는 사실을 놓쳐선 안 된다. 지금의 독서 인구는 활자 문명 이전 수준으로 빠르게 줄어들고 있다. 구어 문명과 활자 문명이 장단점을 따져보며 인류의 바람직한 미래를 그려보아야 할 때다.

통찰 열기

마셜 매클루언은 '재부족화'를 현대 미디어 환경이 낳은 중요한 결과로 꼽는다. 활자 문명은 '탈부족화'를 가져왔다. 활자로 세상에 퍼지는 지식은 어디에나 통할 만한 논리와 체계를 갖추어야 한다. 그래서 자기들끼리만 통하는 특별한 생각, 규정은 '잘못된 것'으로 밀려났다. 이것이 탈부족화의 의미다. 반면, 지금의 미디어 환경은 생각이 통하는 이들끼리 모이고 소통할 수 있는 공간을 곳곳에 만들어주고 있다. 그래서 여기저기서 다시 생각과 가치를 함께하는 '부족'들이 자리를 잡는 중이다. 그렇다면 우리는 맞춤법을 어떻게 보아야 할까? 재부족화에 따라 자기들끼리만, 비슷한 세대끼리만 통하는 신조어들이 넘쳐난다. 이를 표현 규칙에 어긋난다고 바로잡아야 할까? 혹시 맞춤법이 그들에게 '꼰대'들의 강요처럼 느껴지지는 않을까?

발전하는 역사란
무엇인가

아널드 토인비

투키디데스의 체험

인간의 '진짜 웃음'은 전 세계 어디서나 똑같다. 미국의 심리학자 폴 에크먼Paul Ekman의 연구 결과다. 이른바 '뒤셴 미소Duchenne smile'로 불리는 솔직한 웃음은, 양쪽 눈꼬리에 주름이 잡히고 입가를 치켜올리는 모양새다. 기쁨이나 반가움이 진심으로 우러나올 때 이런 표정이 절로 지어진다. 심지어 태어날 때부터 시각 장애를 지닌 사람에게도 얼굴에 똑같은 미소가 피어난다. 어떻게 이런 일이 가능할까?

답을 찾기는 어렵지 않다. 우리가 모두 '인간'인 까닭이다. 사람 사이에는 차이점보다 공통점이 더 많다. 타고난 몸과 마음의 구조가 비슷하니, 똑같은 감정을 느낄 때 얼굴근육이 유사하게 움직이는 것이

투키디데스의 《역사》를 강의하던 토인비는 당시 발발한 제1차세계대전이 펠로폰네소스 전쟁과 동일한 양상을 띠고 있음을 발견했다. 독일 뮌헨의 바이에른주립도서관 정문 앞에 있는 투키디데스 동상.

당연하겠다.

그렇다면 역사도 마찬가지 아닐까? 언뜻 보면 각 나라의 문화와 사람들이 사는 모습은 전부 달라 보인다. 하지만 꼼꼼히 살펴보면 비슷한 면이 훨씬 더 많다. 인간이라면 누구나 태어나서 사람들과 관계를 맺고 갈등을 겪으며, 일도 하고 즐기기도 하다가 마침내 죽음에 이르지 않던가. 이런 사람들이 모여서 이룬 사회도 다르지 않다.

1914년은 제1차세계대전이 일어난 해다. 이때 고대 그리스의 역사가 투키디데스Thucydides의《역사》(펠로폰네소스 전쟁사)를 강의하던 영국의 역사학자 아널드 토인비Arnold Toynbee는 큰 충격을 받았다.《역사》는 고대 그리스의 아테네 연합군(델로스동맹)과 스파르타 동맹군(펠로폰네소스동맹)이 벌인 펠로폰네소스전쟁(기원전 431~기원전 404년)을 기록한 책이다. 그는 여기서 자신이 겪고 있는 제1차세계대전이 2300여 년 전 전쟁과 똑같은 모습으로 흘러가고 있음을 발견했다. 이 깨달음의 순간을 그는 '투키디데스의 체험'이라고 불렀다.

그때부터 토인비는 시대와 상황을 넘어 모든 문명이 공통으로 겪는 과정이 무엇인지, 우리 시대는 이로부터 무엇을 배워야 하는지를 탐구하기 시작했다. 토인비의 연구는 무려 40년 넘게 이어졌고, 그 결과는 장장 7000쪽에 달하는《역사의 연구》라는 책으로 나왔다. 1934년에 1~3권이 출간된 이 책은 1961년까지 28년에 걸쳐 12권으로 완성되었다. 그렇다면 토인비가《역사》에서 발견한 것은 무엇일까?

역사는 도전과 응전의 과정이다

아널드 토인비에 따르면, 역사란 '도전challenge'과 '응전response'의 과정이다. 편안함과 풍요로움이 발전을 낳는 경우는 거의 없다. 성장은 자신에게 닥친 어려움을 이겨내면서 이루어진다.

만약 시련을 극복하지 못하면 어떻게 될까? 당연히 주저앉고 무너질 수밖에 없다. 현재 살아남은 문명사회는 모두 숱한 도전을 이겨

내며 여기까지 왔다.《역사의 연구》에 나오는 토인비의 말을 직접 들어보자.

"빙하시대가 끝나고 난 뒤 아프라시아(아프리카, 아시아) 지역이 점차 건조해졌다. 그때 구석기 단계의 원시사회가 있던 지역에 둘 이상의 문명이 출현했다. 건조화라는 도전에 대한 응전으로 문명이 탄생한 것이다. 어떤 사람들은 아무것도 바꾸지 않았지만 어떤 사람들은 거주지를 옮기거나 생활 방식을 바꾸었다. 건조화의 도전에 직면하여 거주지도 생활양식도 바꾸지 않은 사람들은 결국 절멸했고, 거주지와 생활양식을 다 바꾼 집단은 이집트문명과 수메르문명을 창조했다."

이렇듯 문명은 자연환경의 변화, 바깥으로부터의 공격, 새로운 발견 등 도전에 맞서 자신을 지키며 발전한다. 만약 도전이 없다면 어떻게 될까? 토인비는 폴리네시아의 원주민, 알래스카의 이누이트, 사막의 유목민을 예로 든다. 그들의 역사에는 특별한 어려움이 닥치지 않았기에 발전도 일어나지 않았다. 이렇게 볼 때, 우리에게 닥친 고통과 어려움은 발전을 이끄는 씨앗이라 할 만하다.

창조적 소수와 지배적 소수 사이

그렇다면 구체적으로 문명의 발전은 어떻게 이루어질까? 아널드 토인비는 '창조적 소수creative minorities'의 역할에 눈을 돌린다. 어느 집단에서나 도전에 결연하게 맞서는 사람의 수는 적다. 대부분은 눈치 보며 앞서가는 이들을 따라갈 뿐이다. 이때 용기 있게 나서는 이들이 바로 창조적 소수다. 역사책에 등장하는 숱한 위인을 떠올려보라. 사람들이 그들을 존경하며 기꺼이 따를 때 문명은 발전한다. 사람들이 창조적 소수를 흉내 내며(플라톤과 아리스토텔레스는 이를 '미메시스mimesis'라는 개념으로 표현했다) 그들을 닮아가려 하기에, 사회 전체에 에너지와 발전의 기운이 넘친다.

하지만 토인비는 경제 규모가 커지고 영토가 넓어지는 것이 문명의 발전은 아니라고 잘라 말한다. 진정한 역사의 발전은 인류의 정신이 성숙하고 고귀해지는 데 있다. 이른바 '에테르화etherification'라는 현상이다. 무슨 말일까?

토인비에 따르면, 경제가 발전하고 정치가 안정되며 군사력이 강해진 순간은 오히려 문명이 몰락의 길로 떨어지는 시기다. 예컨대 성공한 사람들 가운데는 비판을 좀처럼 받아들이지 못하는 이가 적지 않다. 그들은 굳은 신념과 치열한 노력 끝에 마침내 결실을 거두지 않았던가. 이 때문에 자신의 방식이 잘못되었으며 고쳐야 한다는 지적을 쉽게 납득하지 못한다. 그래서 문제를 짚어주는 이들을 되레 비난하며 당신들도 나처럼 해야 한다고 목소리를 높인다.

잘나가는 문명도 마찬가지다. 몰락의 시기에 이르면, 발전을 이끄는 창조적 소수도 '지배적 소수dominant minorities'로 추락해버린다. 사람들이 자기 말을 따르지 않으니, 자신이 가진 힘과 권력으로 사람들을 윽박지르며 지배하려 한다는 뜻이다. (우리 사회에서 '꼰대'라는 말이 뜻하는 바를 생각해보면 쉽게 이해할 듯하다.)

이럴수록 문명은 점점 무너져간다. 사람들은 창조적 소수에게서 등을 돌린다. 그리고 반항심을 마음에 품는다. 토인비는 이렇게 마음이 돌아선 다수를 '내적 프롤레타리아트internal proletariat'라고 부른다. 주로 노예와 천민, 빈민, 농민과 노동자가 이런 부류다.

내적 프롤레타리아트와 지배적 소수 사이의 갈등이 커질수록 문명은 점점 약해져간다. 이럴 때 외부에서 문명을 호시탐탐 노리던 세력들도 마침내 이빨을 드러낸다. 토인비는 이러한 외부의 적들을 가리켜 '외적 프롤레타리아트external proletariat'라고 말한다. 이렇듯 세계 역사는 지배 집단, 내적 프롤레타리아트, 외적 프롤레타리아트가 부딪치는 과정으로 이루어진다.

문명을 이끄는 힘은 물질이 아니다

아널드 토인비는 그 어떤 문명도 외부의 강한 적 때문에 무너지지 않는다고 힘주어 말한다. 문명의 몰락은 언제나 내부의 갈등과 다툼을 제대로 해결하지 못해서 일어날 뿐이다. 그에 따르면, 로마제국 같은 강력한 국가는 성공의 상징이 아니다. 오히려 경제력과 권력으로 사람들을 억누르며 몰락을 어떻게든 미루고 있는 상태였다.

토인비는 두 번의 세계대전을 예로 든다. 그 당시 과학기술은 날로 발전하고, 경제는 날로 피어났다. 평균수명도 늘어났으며, 인류의 위생 상태도 더욱 나아졌다. 그런데 왜 세계는 수천만 명을 죽인 큰 전쟁에 빠져들었을까?

문명을 이끄는 힘은 '정신'이지 물질이 아니다. 물질적으로 풍요로운 생활이 곧 행복한 인생은 아니지 않던가. 누구나 알 만한 부자임에도 인격이 파탄 난 이가 얼마나 많은지, 불행하다는 말을 달고 살며 심지어 마약에 손대기까지 하는 유명인이 얼마나 많은지 생각해보라. 문명도 다르지 않다. 한마디로 사람들의 정신이 가난하여 삶의의미를 찾지 못하면, 아무리 물질적으로 풍요롭다고 해도 문명은 무너지고 만다는 뜻이다. 그렇다면 삶의 의미와 가치는 어디서 찾을 수있을까?

파테이 마토스, 문명은 고통에서 배운다

아널드 토인비는 '고통에서 배운다'는 의미의 고대 그리스어 '파테이마토스pathei mathos'를 공들여 소개한다. 지배적 소수가 강대한 '세계국가'를 만든다면, 고통받는 내적 프롤레타리아트는 '세계교회'를 이끌어낸다. 그들이 말하는 세계교회란 기독교, 이슬람교, 힌두교, 대승불교 등 널리 인정받는 종교를 뜻한다.

예컨대 로마제국이 강력하게 세계를 지배하던 시기에 기독교는 서서히 사람들 속으로 파고들어갔다. 평등과 사랑을 강조하는 가르침이 폭력과 억압에 지친 사람들의 마음을 다독여주었기 때문이나. 보인비에 따르면, 이슬람교·힌두교·대승불교가 세력을 키워간 시기도창조적 소수가 더 이상 존경받지 못하고, 문명이 재산과 권력에 매달

로마제국이 강력하게 세계를 지배하던 시기에 기독교는 평등과 사랑을 강조하는 가르침을 통해 폭력과 억압에 지친 사람들의 마음을 다독이며 서서히 사람들 속으로 파고들었다.

리기 시작한 때다. 《역사의 연구》 중 〈세계교회〉에 나오는 토인비의 말을 들어보자.

"종교라는 차車가 나아가는 방향은 변하지 않는다. (중략) 땅 위에서의 탄생 - 죽음 - 탄생이라는 '슬픔의 차바퀴'는 계속해서 회전하며 종교라는 차를 천국의 방향으로 이끌어간다. 이것이 문명의 목적이며, 문명의 의미는 여기에 있는지도 모르겠다."

이쯤 되면 '인간 정신 역사의 상승점과 세속적인 역사의 하강점이 일치하는 것은 하나의 법칙'이라는 토인비의 말이 이해될 듯싶다. 나아가 비로소 토인비가 '에테르화'라는 말로 뜻하려는 바도 분명해진다. 사람들은 경제성장과 영토 확장을 문명의 발전이라고 착각하기 쉽다. 하지만 이는 정신의 성숙을 이루기 위한 '도구'에 지나지 않는다. 벼락부자들이 흥청망청하다가 가난과 비참함의 나락으로 다시 떨어지는 경우는 드물지 않다. 정신이 성숙하지 않은 문명도 이와 다르지 않다. 아무것도 먹지 않고 살 수 있는 사람은 없다. 마찬가지로 헛헛한 마음을 채워줄 정신적 가치가 없을 때 문명사회는 쉽게 야만으로 떨어져버린다.

인간 사회가 믿고 의지할 만한 고귀한 가르침이 사라졌기에 인류는 파시즘, 나치즘 같은 폭력적인 이념에 쉽게 빠져버렸다. 죽을 만큼 굶주릴 때는 독이 든 음식에도 손을 뻗게 되듯, 배고픈 영혼은 공허함을 메꿔준다는 거짓된 약속을 쉽게 뿌리치지 못한다. 만약 우리의 문명이 기독교·이슬람교·힌두교·대승불교와 같은 고귀한 정신을 발굴해내지 못한다면, 과학기술의 발전과 경제적인 풍요로움은 또다시 인류를 전쟁과 폭력 속으로 몰아넣을지도 모른다. (물론 토인비는 특정한 종교를 강조하거나 앞세우진 않는다. 종교를 예로 들며 인류 사회를 보다 성숙하게 할 고귀한 정신문화를 설명할 뿐이다.)

영혼의 빈곤함은 가난만큼 큰 위험이다

"과학자들이 더욱 많이 발견해주면, 우리는 전보다 디 행복해질 것이다."

《역사의 연구》에서 아널드 토인비는 우리 머릿속에 새겨진 편견을 이 한 문장으로 정리한다. 선거철만 되면 경제를 살리겠다는, 살림살이를 나아지게 해 주겠다는 공약들이 넘쳐난다. 하지만 토인비에 따르면, 이는 '도깨비불'에 지나지 않는다. 그는 '자연에 대한 인간의 지배력을 1마일 나아가게 하는 것보다 자신과 이웃, 나아가 신神과의 관계를 가꾸는 능력을 1인치 향상시키는 편이 더 가치 있다'라고 충고한다.

토인비에 따르면, 인생이 생로병사生老病死를 겪듯 문명도 '발생genesis-성장growth-쇠퇴breakdown-해체disintegration'의 과정을 밟는다. 그는 현대 문명은 쇠퇴기에 접어들었다고 한숨을 쉰다.

어찌 보면 현대 문명은 '전교 1등만 하면, 명문 대학에만 가면 인생이 온통 장밋빛으로 바뀔 거야'라 믿고 치열하게 달려가는 수험생과 비슷해 보인다. 그러나 인생은 길고, 대학 합격 이후에는 또 다른 도전이 기다리고 있다. 여기에 '응전'할 만큼 튼실한 정신을 청소년기에 가꾸지 못한다면 나중에 크게 고생할 수도 있다.

21세기는 과학이 지배하는 시대다. 그러나 과학의 발전이 곧 문명의 진보는 아니다. 나아가 풍요로운 사회에서도 인간의 욕심은 끝이 없으며, 다툼과 갈등도 사라지지 않는다. 영혼의 빈곤은 인류에게 가난만큼 큰 위험임을 잊어서는 안 된다. 토인비가 진정 이야기하고 싶은 바는 이것이다.

통찰 열기

토인비에 따르면 역사는 도전과 응전을 통해 발전해간다. 대한민국이 빠른 경제성장과 민주화를 이룬 데는 전쟁과 독재 등, 남다른 도전이 있었기 때문이다. 이를 우리는 효과적으로 '응전'함으로써 지금 같은 선진국 수준의 나라에 다다를 수 있었다. 하지만 토인비는 "경제가 발전하고 정치가 안정되며 군사력이 강해진 순간은 오히려 문명이 몰락의 길로 떨어지는 시기"로 본다. 자신만의 '성공 공식'에 너무 익숙해진 나머지, 새로운 도전에 맞추어 자신이 바뀌어야 한다는 생각을 못 하는 탓이다. 그렇다면 지금의 대한민국은 '전성기'일까? 우리의 역사가 다시 나락으로 내려가지 않으려면, 우리는 무엇을 어떻게 해야 할까?

엘랑비탈, 인간 지성 너머의
역동하는 세상을 보다

앙리 베르그송

자연은 고정되어 있지 않다

재즈나 판소리를 악보로 옮기기는 어렵다. 재즈의 음音들은 흐느끼
듯 움직이는 까닭이다. 판소리도 마찬가지다. 음정이 정확하게 나뉘
는 대목은 많지 않다. 목소리처럼 자연스럽게 이어지고 꺾이면서 하
나의 '소리'를 이루지 않던가. 그 때문에 재즈나 판소리를 악보만 보
고 원래 소리대로 연주해내긴 어렵다. 종이에 적힌 음정과 박자에는
다양하고 풍부한 소리와 느낌을 담지 못하기 때문이다.

우리의 지성知性이 파악하는 자연이 바로 이런 꼴이다. 자연은 끊
임없는 지속이다. 예컨대 세포의 모습은 항상 똑같지 않다. 시간의
흐름에 따라 계속 조금씩 변하고 있지 않은가. 우리의 육체와 마음

또한 시시각각 바뀌고 있다.

하지만 인간의 지성은 자신에게 다가오는 것들을 하나의 모습으로 고정한다. '저 사람은 내성적이야', '저 사과는 빨간색이지'라는 식으로 말이다. 그래야 이해를 하고 판단을 내리며 필요한 행동을 할 수 있는 까닭이다. 이러면서 대상이 지닌 원래의 다양하고 변화무쌍한 모습은 놓쳐버리고 만다. 그렇다면 세상을 있는 그대로 알아내는 방법은 없을까? 프랑스의 철학자 앙리 베르그송Henri Bergson은 지성의 한계를 넘어 자연과 생명의 모습을 제대로 파악하려 애썼던 철학자다.

기계론과 목적론, 그리고 라플라스의 악마

우리는 세상을 어떻게 이해할까? 원인 없는 결과는 없는 법, 이 일이 왜 일어났는지부터 밝히려고 할 테다. 드러난 것 너머를 깊이 들여다볼 때도 있다. 어떤 의도와 목적으로 일이 벌어졌는지 살핀다는 뜻이다. 지성은 이렇게 알아낸 원인과 목적으로 세상을 해석하고 필요한 행동을 한다.

앙리 베르그송은 원인과 결과를 밝히며 이해하는 방식을 '기계론'이라고 부른다. 그리고 의도와 목적을 중심에 놓고서 세상을 해석하는 방법은 '목적론'이라 부른다. 베르그송에 의하면, 이 둘은 사실 똑같다. 따지고 보면 목적론은 '뒤집힌 기계론'일 뿐이다. 왜 그럴까?

기계론에 따르면, 세상에 이유 없는 일은 없다. 또 원인이 똑같다면 결과도 동일하게 나올 테다. 과학의 해석이 이런 식이다. 과학자들은 원인만 제대로 밝히면 어떤 일이 일어날지 알게 된다고 자신한다. 세상 모든 일에는 원인이 있다. 그리고 지금 벌어지는 현상들은 이후 일어날 일들의 원인이 된다. 이렇게 보자면 세상의 모든 일은 이미 다 결정되어 있다. 지성이 모든 원인과 결과, 즉 인과관계를 제대로 밝힌다면 세상 전부를 알게 되지 않을까? 프랑스의 과학자 피에르 라플라스Pierre Laplace는 〈대략적인 혹은 과학적인 결정론의 표현〉(1814)에서 이렇게 주장하기까지 했다.

> "우주에 있는 모든 원자의 정확한 위치와 운동량을 알고 있는 존재가 있다면, 이것은 뉴턴의 운동법칙을 이용해 과거·현재의 모든 현상을 설명해주고 미래까지 예언할 수 있다."

이른바 '라플라스의 악마'라고 불리는 주장이다. 목적론도 다르지 않다. 모든 일이 정해진 목적과 의도를 이루기 위해 벌어질 뿐이라면 세상에 새로움이란 없다. 이미 결정된 목적을 향해 나아가게 되어 있는 탓이다. 이 경우 인간에게 자유란 의미가 없다. 바위와 기계, 인간 사이에 별 차이가 없을 듯싶다. 그냥 원인과 목적에 따라 정해진 길을 가기 때문이다. 하지만 과연 그럴까?

진화는 창조다

앙리 베르그송은 예술을 예로 들며 그런 생각에 맞선다. 예술가는 주어진 재료로 완전히 새로운 작품을 만들어낸다. 그들에게 자연법칙이나 인과관계는 반드시 따라야 할 것이 아니다. 예술 활동에는 무조건 좋아야 할 목적 또한 없다. 정해진 틀을 벗어난 자유로운 활동 속에서 세상에 없던 작품들이 태어난다.

베르그송에 따르면, 진화는 창조하는 작업과 같다. 생명은 기계론이나 목적론만으로 설명되지 않는다. 수많은 우연을 겪으며 새로운 종이 세상에 나타나고 발전을 거듭한다는 뜻이다. 그는 역동하는 생명력, 즉 '엘랑비탈élan vital'을 진화를 이끄는 힘으로 소개한다.

만물은 물리법칙에 따라 움직인다. 반면에 생명체는 물리법칙을 끊임없이 흔들며 모든 것을 불확실하게 만든다. 물론 생명은 자연을 지배하는 법칙에서 완전히 벗어나지 못한다. 베르그송은 총알을 예로 든다. 발사된 총알이 바위에 박혔을 때와 흙 속을 파고들었을 때의 모양은 같을까? 당연히 다를 테다. 바위에 박힐 경우, 총알은 돌 표면에 가벼운 생채기 정도의 흔적만 남긴다. 흙 속엔 깊이 들어가 박힐 것이다.

여기서 총알을 '엘랑비탈'로, 바위와 흙을 '생명체를 이루는 물질'로 이해하면 진화가 어떻게 이뤄지는지 쉽게 다가온다. 역동하는 생명력은 물질 곳곳을 파고들며 나름의 움직임을 만들어낸다. 그러면서 자연의 인과법칙을 흩뜨린다. 물론 모든 생명체는 결국 죽는다. 물과 바위같이 인과법칙을 엄격히 따르는 물질로 돌아간다는 뜻이다.

그래도 생명은 '미끄러운 경사면'을 거슬러 올라가듯, 끊임없이 결정된 법칙들을 깨며 새로움을 만들어나간다. 이쯤 되면 왜 베르그송

앙리 베르그송의 '지속' 개념은 입체파, 미래파 등
당대의 예술가들에게도 영향을 끼쳤다. 입체파 화
가 장 메쌩제의 작품 〈티타임Le goûter〉.

이 살아 있는 것들을 이끄는 힘을 '역동하는 생명력(엘랑비탈)'이라고 불렸는지 이해될 듯싶다.

진화의 최종 목적은 무엇일까

앙리 베르그송은 여기서 한발 더 나간다. 생명체에도 여러 수준이 있다. 연체동물과 극피동물, 척추동물을 견주어보라. 진화의 정도가 낮을수록 물리·화학법칙의 지배를 더 크게 받는다. 척추동물은 어떨까? 의지와 감정을 지닌 동물이 어떻게 행동할지는 자연법칙으로 예상하기가 어렵다. 진화의 단계가 높을수록 '자유'를 더 많이 펼치는 셈이다.

그렇다면 자유를 가장 많이, 넓게 펼칠 수 있는 생명체는 무엇일까? 죽음의 공포마저 떨쳐버린 채, 정해진 자연법칙에 맞서 세상을 뜻대로 바꾸려고 하는 존재는 누구일까? 답을 찾기는 어렵지 않겠다. 인간밖에 없다.

우리의 조상을 찾아 거슬러 올라가보라. 선조先祖의 선대先代를 따라 계속 올라가다 보면, 결국 최초의 생명체까지 이르게 된다. 베르그송은 '생명체는 끊임없는 지속의 연속'이라고 강조한다. 진화는 무엇을 향해 나아가고 있을까? 더 많은 자유와 창조를 향해 가고 있지 않을까? 그렇다면 진화의 최종 목적은 사람이라는 결론에 이를지도 모르겠다. 욕구에 휘둘리는 짐승이 아닌, 자유를 펼치는 존재로서의 인간 말이다.

호모파베르, 직관을 개척하라

한편 진화에서 모든 생명은 탄생부터 지금에 이르기까지 하나로 이어져 있다. 인간도 예외는 아니다. 그래서 사람에게는 본능도 있고 지성도 있다. 인간도 동물이다. 이 점에서 우리는 본능의 지배를 받는다. 하지만 인간은 도구를 사용하는 존재, 즉 호모파베르homo faber다. 지성으로 타고난 욕망을 누르기도 하며, 보다 합리적이고 효과 좋은 방법을 찾아나간다는 의미다. 그런데도 앙리 베르그송은 본능이 지성보다 탁월한 면이 있다고 말한다.

그의 주장을 풀어보자. 많은 문명사회에서 '뱀'은 지혜의 상징으로 여겨진다. 왜 그럴까? 뱀은 본능적으로 위험을 알아차린다. 사실 직감적으로 위기를 알아채고 빠르게 처신하는 능력은 파충류가 인간보다 훨씬 뛰어나다.

베르그송은 생명의 본질에 대한 지혜는 본능에 더 많이 담겨 있다고 말한다. '인과관계'와 '의도'를 잣대로 세상을 이해하는 지성만으론 결코 '생명의 신비'의 핵심에 다다르지 못한다. 그렇다면 어떻게 해야 할까? 베르그송은 본능과 지성을 타고 넘어, 생명을 그 자체로 파악하고 이해하는 직관intuition에 이르러야 한다고 강조한다.

예술은 아름다움 그 자체를 좇는다. 세상 모든 것을 도구로 바라보는 호모파베르의 시선을 넘어, 생명 자체를 직관하는 경지에 이를 때 진화는 새로운 단계를 맞이할 것이다. 베르그송은 이러한 주장을 펼친《창조적 진화》(1907)로 1927년 노벨문학상을 받았다.

억압의 도덕과 열망의 도덕

앙리 베르그송은 왜 자연법칙을 넘어서는 자유와 직관에 이토록 매달렸을까? 그 이유는 그가 1932년에 펴낸《도덕과 종교의 두 원천》에 담겼다. 그 당시는 제1차세계대전의 처참한 기억이 생생한 시기였다. 또 다른 세계 전쟁의 기운이 싹트던 위기의 시대이기도 했다. 베르그송은 과학 문명이 발전했어도 왜 인류의 마음에 파괴와 학살을 낳는 전쟁 본능이 사라지지 않는지를 고민했고, 나아가 이를 극복할 방법을 탐구했다.

베르그송에 따르면, 인류는 사회를 이뤄야 살 수 있는 생명체다. 이 점에서 인간은 무리 생활을 하는 여느 동물과 차이가 없다. 이 점에서 도덕은 본능과 다르지 않다. 무리 지어 살기 위해 짐승이 욕망을 누르며 집단의 흐름을 따라가듯, 인간도 도덕을 통해 욕망을 다스리며 사회의 규칙을 지킨다는 측면에선 그렇다.

이를 베르그송은 '억압의 도덕'이라고 부른다. 물론 사회를 지키고 유지한다는 점에서 이 또한 꼭 필요하고 바람직하다. 하지만 국가와 국가기 부딪칠 때는 어떨까? 상대에 대한

앙리 베르그송의 노벨문학상 수상을 알리는 신문 기사.

폭력과 살인이 여지없이 펼쳐지지 않던가. 따지고 보면 억압의 도덕은 '도덕'이라는 허울을 쓰고 있을 뿐, 무리를 지켜서 생존을 이어가려는 본능과 별다르지 않다.

그래서 인류에게는 또 한 번의 도약이 필요하다. 베르그송은 억압의 도덕을 넘어서는 '열망의 도덕'을 이야기한다. 이는 사회와 국가를 지키려는 욕망을 뛰어넘어 인류 전체와 동물과 식물, 나아가 모든 자연을 사랑하는 태도를 뜻한다.

'수신제가치국평천하修身齊家治國平天下'라는 말이 있다. 나 자신을 잘 다스리고 가정을 화목하게 이끌면, 나라와 천하를 모두 평안히 다스리게 된다는 뜻이다. 하지만 베르그송의 생각은 전혀 다르다. 그는 가족애와 애국심에서 인류를 향한 사랑에 이르기까지는 '무한에 가까운 거리'가 있다고 잘라 말한다. 무슨 뜻일까?

인류에게는 영혼의 보충이 필요하다

가족을 챙기고 나라를 지키려는 노력은 나의 생존에도 도움이 된다. 그러나 인류 전체에 대한 사랑은 어떤가? 세계 평화를 위해 우리나라가 희생해야 한다고 주장하는 정치가가 사람들에게 어떤 대접을 받을지 떠올려보라. 애국심에서 인류를 향한 사랑까지는 '무한에 가까운 거리'가 있다는 말이 가슴에 다가올 듯싶다.

그러나 우리가 진정한 평화를 이루기 위해선 인류 전체를 사랑하는 열망의 도덕으로 나아가야 한다. 이는 결코 논리적인 설득을 통해

갖출 수 없다. 감동과 공감으로 가슴에 새겨질 뿐이다. 베르그송은 열망의 도덕을 실현한 사례로 예수의 사랑, 석가모니의 자비 등을 예로 든다. 이렇듯 뛰어난 성현들은 인류가 가야 할 방향을 일러 준다. 인류는 이들을 보고 감동하며 비로소 억압의 도덕을 넘어서려 한다.

나아가 그는 민주주의 또한 열망의 도덕에서 비롯됐다고 외친다. 민주주의는 모든 인간이 자유롭고 평등하다는 믿음에 뿌리를 두고 있다. 이는 인류 전체에 대한 사랑, 즉 박애를 품고 있어야 가능한 주장이다. 인간 외 어느 존재도 생존 본능을 넘어 모든 생명을 보듬어야 한다는 생각은 하지 못한다. 인간은 진화의 꼭대기에 선 존재다. 그렇다면 마땅히 본능을 넘어, 자유를 최대한 실현하고 사랑을 확대하는 방향으로 문명을 이끌어야 하지 않을까?

베르그송은 "기계로 인해 비만한 인간의 육체는 영혼의 보충이 필요하다"라고 충고한다. 과학 문명은 끝없이 발전하고 있다. 그런데 왜 세상에서는 빈곤과 폭력이 사라지지 않을까? 어린아이가 바라는 바를 언제든 채워준다고 해보라. 아이는 과연 정신이 제대로 박힌 어른으로 자라날까?

과학기술의 발전도 마찬가지다. 호모파베르인 인류가 더 좋은 도구를 만들어 자신의 욕구를 채우려는 노력은 언제나 성공을 거둬왔다. 그 끝은 어떻게 될까? 과연 인간은 더 훌륭하고 바람직한 존재로 거듭날까? 방향을 세내로 잡는 일은 빨리 달리는 것보나 훨씬 중요하다. 진화의 이유와 방향을 고민하던 베르그송의 생각을 깊이 들여다봐야 하는 이유다.

통찰 열기

인공지능은 빠르게 발전하는 중이다. 이제 기술은 인공지능과 대화를 나누는 모습도 이상하게 느껴지지 않을 수준까지 이르렀다. 우리는 대화를, 단지 정보를 나누고 거래하기 위해서만 하지 않는다. 서로 공감하고 관계를 쌓기 위해 이야기를 나누는 경우가 더 많다. 앞으로는 기계와의 '대화'가 정서적인 나눔까지 가능한 단계에 이를 듯싶다. 인공지능이 친구보다 나을 수도 있다는 의미다. 예전에는 낯설었던 동물권이 이제는 상식으로 굳어지고 있다. 마찬가지로 인공지능의 '존엄할 권리'도 당연하게 여겨지는 시대가 오지 않을까? 베르그송이라면 인간 진화의 관점에서 이런 모습을 어떻게 받아들일까?

통섭, 과학과 인문학은 함께 갈 수 있을까

에드워드 윌슨

인간은 도대체 왜 이럴까?

사람들은 어떤 삶을 원할까? 이 물음에 미국의 사회생물학자 에드워드 윌슨Edward Wilson은 재치 있게 답한다. "억만장자들이 어떻게 사는지를 보라." 그들은 생활을 옥죄는 온갖 것에서 자유롭다. 그들이 선택한 삶은 대부분의 사람이 바라는 모습일 테다. 이에 윌슨은 부자들이 사는 저택의 풍광을 소개한다. 그들의 집은 대개 높은 곳에서 아래를 내려다보는 위치에 있다. 곳곳에 호수나 강이 보이기도 한다. 널찍이 펼쳐진 평화로운 초원 곳곳에는 숲도 있다. 재산이 많다면 누구라도 이런 곳에서 살고 싶어 할 듯하다.

그렇다면 사람들은 왜 이런 풍경을 좋아할까? 윌슨은 그 답을 고古

인류가 살던 아프리카 초원의 모습에서 찾는다(지금 부자들의 저택이 자리한 곳의 풍광과 비슷하다). 인간은 여느 생명체처럼 끊임없이 진화해왔다. 그리고 진화는 흔적을 남겼다. 우리의 마음에는 구석기시대 조상들의 취향이 여전히 남아 있다. 윌슨은 인류의 진화가 어떻게 진행되었는지를 살펴보라고 조언한다. 그래야 비로소 '우리가 무엇을 바라고 왜 이렇게 행동하는지'를 제대로 설명할 수 있기 때문이다.

인문학은 사람의 정신과 본질을 탐구하는 분야다. 그러나 윌슨이 보기에 인문학 연구는 언제나 인간의 '원래 그러한just is' 모습을 보여주는 데 그쳤다. '무엇 때문에 그러한지just is, because'까지 꿰뚫으려면 인간이 어떻게 진화해왔는지를 알아야 한다. 인간의 본성을 제대로 짚어내려는 인문학자는 생물학의 도움을 받아야 한다는 의미다.

윌슨은 통섭consilience을 주장하는 학자로 유명하다. 통섭은 '자연과학과 인문학은 다른 분야가 아니며, 이 둘이 하나로 합쳐져 인간과 세상을 탐구해야 제대로 성과를 낼 수 있다'는 이론이다. 하지만 많은 인문학자는 윌슨의 주장을 마뜩잖게 여긴다. 왜 그럴까? 먼저 진화생물학에서 바라본 '인간'은 어떤 모습인지부터 살펴보자.

개미와 인간, 지구의 두 지배자

대부분의 생명체는 살아남기 위해 경쟁한다. 반면에 자신을 희생해서라도 무리와 동료를 살리려는 종種도 있다. 이른바 '진眞사회성euso-ciality'을 지닌 부류다. 진사회성 곤충의 대표적 예인 개미는 평생 자기

개미는 대표적 진사회성 동물이다.

집단을 위해서 일하며, 다른 집단과 싸움이 벌어지면 기꺼이 자신을 희생한다. 혼자 살겠다며 무리를 버리고 도망갈 개미는 없다. 그러나 이러한 진사회성 동물은 생명계 전체로 보면 드물다.

지금까지 알려진 진사회성 곤충은 약 2만 종이며, 개미·벌·흰개미가 대부분을 차지한다. 이들은 약 100만 종에 이르는 전체 곤충 가운데 2퍼센트가량밖에 되지 않는다. 하지만 이 소수의 종은 개체 수, 몸무게, 환경에 미치는 영향에서 나머지 곤충을 압도한다. 그만큼 진사회성은 생존에 유리하다. 협력하며 큰 무리를 짓고 살기에, 경쟁 상대인 다른 생명체를 쉽게 눌러버리는 까닭이다.

인간 역시 진사회성 동물이다. 인간은 무리 지어 생활하며 사회나 국가를 만든다. 피가 섞이지 않은 이들과 기꺼이 협력하고, 집단을 위해 기꺼이 손해를 무릅쓰기도 한다. 물에 빠진 아이를 구하고자 뛰어드는 상황을 떠올려보라. 우리는 위기에 빠진 이들을 도우려 하고, 공동체보다 자신의 이익을 앞세우는 사람들을 손가락질하며 비난한다. 개인보다 공동체를 앞세우는 특징 덕분에 인류는 개미 같은 진사회성 곤충과 함께, 지구에서 개체 수가 가장 많은(에드워드 월슨의 표현으로는 '지구를 지배하는') 종이 될 수 있었다.

개미 세계의 셰익스피어는 하지 못할 일

하지만 인간이 어떻게 진사회성을 지니게 되었는지를 설명하기란 쉽지 않다. 하나의 개미 집단에서는 모든 일개미의 유전자가 똑같다. 모두 같은 여왕개미에게서 태어난 까닭이다. 게다가 알은 오직 여왕개미만 낳는다. 따라서 자기 유전자를 남기려면 무리에 기꺼이 충성해야 한다. 그러나 인간은 모든 개체가 생식능력을 지닌다. 누구나 자손을 만들 수 있다는 뜻이다. 또 무리를 이루는 사람들의 유전자도 제각각 다르다. 집단에 오롯이 충성하면 오히려 자신에게 손해가 되는 경우도 흔하다. 그런데도 사회를 위해 기꺼이 복종하며 헌신하는 인간 특유의 '기질'은 어디서 비롯했을까?

이 물음에 답하고자 에드워드 월슨은 '다수준 선택multilevel selection'을 꺼내든다. 여기서 '선택'은 생존경쟁에서 살아남는다는 의미다. 인간은 두 가지 차원에서 경쟁을 벌인다. 먼저 자신의 몫을 챙기기 위해 무리 안의 사람끼리 서로 견제하며 다툰다. 다른 한편으로는 무리

끼리 치열하게 경쟁한다.

개인끼리 겨룰 때는 이기적인 자가 이타적인 사람을 이긴다. 집단끼리 다툴 때는 반대로, 이타적인 사람이 많은 무리가 이기적인 사람이 다수인 무리를 누르곤 한다. 구성원들이 힘을 모아 무리를 강력하게 만든 덕분이다. 오랜 세월 인류가 진화하면서 이타적인 무리는 이기적인 무리를 물리치며 살아남았다. 그리고 지금의 우리는 이타적인 무리의 후손이다. 인간의 진사회성은 집단 사이의 싸움에서 살아남은 과정을 통해 생겨났다.

윌슨은 '인간 존재의 본질은 다수준 선택으로 생긴 이타심과 이기심 사이의 갈등에 있다'고 말한다. 사회는 우리에게 남을 배려하며 공동체에 기여하는 사람이 되라고 가르친다. 그러나 개인적으로 출세하려면 자기 것을 잘 챙기며 남을 눌러야 한다. 어느 쪽을 따라야 할까? 이기심과 이타심 사이에서 방황하며 고민하는 모습은 삶의 곳곳에서 펼쳐진다.

윌슨에 따르면, 본능의 엄격한 명령을 따르는 "개미 세계의 셰익스피어는 승리의 희곡 한 편과 멸망의 비극 한 편밖에 쓸 수 없"다. 하지만 사람은 "그런 이야기를 끝없이 다양하게 창작할 수 있고 무한정 많은 무드mood를 조성할 수 있는 교향곡을 작곡할 수 있다". 이기심과 이타심 사이의 긴장과 균형 덕분에 인류 문화가 다양해지고 풍부해졌다는 뜻이다. 이기심과 이타심의 갈등을 인간의 본성으로 받아들이라고 윌슨은 이야기한다. 그리고 여기서 출발해 문명을 더 나은 단계로 이끌어야 한다고 강조한다. 인류 문명을 더 훌륭하게 만들 방

석기시대의 마음, 중세의 제도, 신의 기술

문명의 발전은 인간의 진화 속도보다 더 빠르게 이루어졌다. 에드워드 윌슨에 따르면 인류는 '석기시대의 마음을 지닌 채, 중세의 제도가 여전히 작동하는 사회에서 신과 같은 기술을 가진 존재'로 살아가고 있다. 이 말의 의미를 찬찬히 살펴보자.

인간은 남의 일에 관심이 많다. 그리고 남들이 자기를 어떻게 평가하는지에 무척 예민하다. 윌슨은 이것도 석기시대의 인류가 남긴 흔적이라고 말한다. 지금도 마찬가지지만, 석기시대 인간은 무리를 떠나서는 살 수 없었다. 또한 집안에서 높은 지위에 있어야 더 많은 식량과 좋은 잠자리를 챙길 수 있었다. 따라서 석기시대 인간은 무리에서 밀려나지 않고 높은 위치에 머무를 수 있도록 '집단 안에서 다른 이들이 자신을 어떻게 평가하는지, 그들의 마음을 사서 내 편으로 만들려면 어떻게 해야 하는지, 나아가 탐탁지 않은 이들을 내치는 방법은 무엇인지'를 끊임없이 고민했다. 인간의 큰 뇌는 사람들 사이의 복잡한 관계를 시뮬레이션해보며 어떻게 행동할지를 생각해내는 데 요긴하게 쓰였다.

그러면서 부족주의tribalism가 자연스레 인간의 본성으로 자리 잡았다. 한마디로 '무리 짓기'라는 본능이 생겼다는 의미다. 윌슨은 종교를 예로 들어 설명한다. 어떤 신앙을 가졌건 자기가 믿는 종교의 가

석기시대 인간은 생존을 위해 무리에서 밀려나지 않고 높은 위치에 머무를 수 있는 방법을 큰 뇌로 끊임없이 고민했다. 그러면서 부족주의, '무리 짓기' 본능이 인간의 본성으로 자리 잡았다는 것이 에드워드 윌슨의 주장이다.

르침을 제대로, 깊이 아는 사람은 많지 않다. 습관적으로, 마음이 편해서 종교에 매달릴 뿐이다. 윌슨은 이 모습도 석기시대의 유산으로 본다.

어느 종교든 신앙을 따르는 사람을 '신이 선택한 소중한 존재'로 치켜세운다. 나아가 같은 신앙을 가진 이들끼리는 '공동체의 형제'라는 믿음으로 서로 감싼다. 때로는 다른 믿음을 가진 자들을 '함께 물리쳐야 하는 적' 혹은 '끌어들여야 하는 대상'으로 본다. 그런 모습은 무리를 이루어 안전하게 지내고자 한 석기시대 사람들의 노력과 다르지 않다.

지금의 학교나 정부 기관은 서양 중세에 만들어진 형태를 여전히 따르는 경우가 많다(대학이라는 기관도 중세에 생긴 것이다). 이런 기관이나 제도는 부족주의를 더 강하게 만들어주곤 한다. '어느 학교 출신', '어느 기관 소속'인지에 따라 사람들은 무리 짓고 자기들끼리 똘똘 뭉치려 하지 않던가. 여러 나라로 나뉘어 끊임없이 다투며 전쟁을 벌이는 인류의 모습도, 크게 보면 부족주의의 맥락에 있다.

인류가 더 나은 존재가 되기 위해서는 부족주의를 넘어, 인간종 전체가 하나의 공동체로 어우러지는 큰 무리로 나아가야 하지 않을까? 윌슨의 생각은 세계 시민주의와 맥이 닿아 있는 듯 보인다. 인간종 전체가 하나의 공동체로 어우러질 방법은 무엇일까? 인간이 '신과 같은 기술'을 가지고 있다는 점을 떠올리면 해법은 분명해 보인다.

지금 있는 그대로의 인간 모습이 최선

지구의 생명은 자연선택을 통해서 진화해왔다. 그러나 인류의 지식은 이제 '의지 선택volitional selection'이 가능한 수준에 이르렀다. 자신이 원하는 방향으로 진화의 흐름을 바꿀 수 있게 되었다는 뜻이다. 'BNR'라고 줄여 부르는 생명공학biotechnology, 나노 기술nanotechnology, 로봇학robotics의 발전 덕분이다. 유전자를 인간이 바라는 대로 자르고 붙여서 '편집'하는 기술은 이미 널리 퍼져 있다. 그렇다면 기술이 진화의 느리고 긴 흐름을 단숨에 빨리 일어나도록 앞당길 수 있지 않을까? 인류는 진화 자체를 새롭게 설계해 인간을 지금보다 훨씬 더 똑똑하고 평화로우며 건강한 모습으로 만들 수도 있다.

하지만 이런 생각에 에드워드 윌슨은 강하게 고개를 젓는다. 윌슨은 자신의 신념이 '실존적 보수주의existential conservatism'라고 힘주어 말한다. 지금 있는 그대로의 인간 모습이 최선이라고 굳게 믿는다는 의미다.

기술로 인간을 '개량'하려 한다면 인류는 최악의 상황에 부딪힐 것이라고 윌슨은 경고한다. 단점 하나 없는, 이타적이고 선하며 건강하고 똑똑한 사람으로만 이루어진 사회는 어떤 모습일까? 거대한 개미 군체와 별 차이 없지 않겠는가? 인간의 매력과 삶의 가치는 장점과 단점, 이기심과 이타심이 뒤섞여 벌어지는 다양한 드라마에서 피어난다. 인간의 단점을 빡빡 문질러 없앤다면 되레 인류는 아무 특징이 없는, 그래서 새로운 것이 나올 여지가 없는 괴물로 바뀌고 말 테다.

윌슨은 '신과 같은 기술'을 지닌 인류가 책임감을 느껴야 한다고 강조한다. 인류는 '생물권과 태양계의 마음이며, 은하계의 마음'이기도 하다. 인간만이 지구의 미래가 어떠해야 하는지를 진지하게 고민할 수 있으며, 깨어 있는 정신으로 모든 생명체를 보듬어 안전하게 살아가도록 만들 수 있다는 점에서 그렇다.

이렇게 말하면서 윌슨은 '새로운 계몽운동이 필요하다'라고 결론 짓는다. 18세기 계몽주의자들은 '이성과 과학이 세상의 모든 것을 설명해주리라'고 믿었다. 나아가 과학의 가르침을 따른다면 모든 문제가 명쾌하게 해결되며 삶과 세계가 진정 나은 모습으로 바뀌리라고 확신했다. 하지만 당시 과학기술의 발전은 기대에 못 미쳤고, 계몽운동은 실패했다.

윌슨은 '과학기술이 충분히 발전한 우리 시대에는 계몽운동이 성공할 수 있다'고 외친다. 진화를 연구해 인간의 본성을 살피고, 세상이 움직이는 원리를 통해 인류가 나아갈 길을 제대로 고민한다면 충분히 가능하다는 지적이다. 실제로 지금 시대는 새로운 계몽운동이 실현 가능한 방향으로 점점 바뀌어가고 있다.

과학은 할 수 있는 일을 하지 않은 적이 없다

그러나 대부분의 인문학자는 에드워드 윌슨의 생각을 탐탁지 않게 여긴다. 윌슨은 오래전부터 '생물학적 제국주의자'라는 비판을 받아왔다. 역사에서 제국주의자들은 '문명개화와 선진 문화의 전달'이라는 착한 얼굴을 한 채, 발전이 더딘 나라들을 무릎 꿇리고 이용했다. 인문학자들 가운데 상당수는 윌슨의 시도가 이와 비슷하다고 여기는 듯싶다.

생물학적으로 인간의 마음과 행동을 모두 설명할 수 있다면, 인문학에서 삶의 의도를 탐색하는 일이 무슨 의미가 있을까? 예를 들어 잔 다르크Jeanne d'Arc가 들은 신의 목소리를 '뇌 이상에서 비롯한 환각 작용'으로 설명한다면, 그의 행동에 어떤 의미가 있을까? 나아가 그를 따른 병사들의 행동을 '인류의 진사회성과 석기시대 특유의 무리 짓기 본능'으로 바라본다면, 이들의 행동은 여전히 가치 있게 여겨질까?

한편 윌슨은 인류를 마음대로 개조해 '진화'시키는 짓을 절대 받아들이지 않겠다고 거듭해서 말한다. 하지만 원자폭탄 제조도, 유전자 복제도, 최근의 '킬러 로봇' 개발도 많은 반대가 있었지만 결국은 이루어졌다. 인간 무리 사이의 경쟁이, 인간성을 침범하지 못하도록 막는 금기의 문턱을 낮추거나 없앤 탓이다.

그렇다면 '과학으로 인간의 본성을 모두 해명하고 인류를 더 나은 존재로 이끌 수 있다'는 윌슨의 생각을 우리는 어떻게 받아들여야 할까? 그의 주장에 거부감을 느끼는 사람이 적잖음에도, 윌슨이 외치는 '통섭'이 점점 우리 시대의 상식이 되어가는 느낌이다. 과학기술의 발전에 일방적으로 휘둘리지 않으려면 인간이 어떤 존재인지, 문명은 어디로 나아가야 하는지를 깊이 고민해야 한다.

통찰 열기

진화에는 목적이 없다. 적응이 있을 뿐이다. 인간과 생명체는 누군가 의도해서 지금 같은 모습이 되지 않았다는 뜻이다. 하지만 이제 BNR(생명공학, 나노 기술, 로봇학)의 발전은 인류가 진화 자체를 새롭게 설계해, 인간을 지금보다 훨씬 더 똑똑하고 평화로우며 건강한 모습으로 만들 수도 있는 수준에까지 다다르고 있다. 그렇다면 모두가 똑똑하고 몸과 마음이 건강한 사람만 가득한 세상은 바람직할까? 과학기술 발전이 좇아야 하는 '좋은 세상'은 어떤 모습이어야 할까?

모든 이가 한울님같이
여겨지는 길

최제우

믿음으로 세상을 변화시킨 사람

한 사람을 알면 그 시대를 알 수 있다. 이번에 우리가 살펴볼 최제우
가 바로 그런 사람이다. 그는 태어날 때부터 서자庶子라는 신분에 가
로막혀 희망 없이 살아야 할 운명이었다. 청년 시절에는 때론 보따리
장수로, 또 때론 점쟁이로 떠돌며 질병으로 죽어가고 부패한 관리들
에게 시달리는 불쌍한 민중의 삶을 몸으로 느꼈다. 몰락 양반인 아버
지에게서 배운 학문을 기초로, 점점 거세지는 서양과 일본의 침략에
분노하고 고민하는 지식인이기도 했다. 조선 말기, 당시의 모든 문제
가 최제우 한 사람의 인생에 고스란히 들어 있던 셈이다.

철학은 결국 시대의 산물이다. 철학의 위대함은 그 시대의 문제를

정확히 진단하고 근본적인 해결 방안을 제시하는 데 있다. 최제우는 민중의 요구를 정확히 읽고서 그 시대가 나아갈 방향을 '동학東學'이라는 새로운 종교로 제시한 사람이다. 모든 사람은 하늘만큼 존엄하고 평등하다는, 당시로선 말하기조차 두려운 사상을 내세우며 새로운 세상의 '개벽開闢'을 주장한 것이다. 결국 그의 사상은 동학농민운동 등의 대규모 저항으로 이어지며 신분 사회인 조선을 변화시키는 데 결정적인 계기로 작용했다. 시대의 요구를 정확히 알고 있다면, 강한 믿음만으로도 세상을 변화시킬 수 있다. 최제우가 바로 믿음으로 세상을 변화시킨 사람이다.

예순셋에 얻은 아들

최제우는 1824년(순조 24), 경북 경주시 현곡면 가정리에서 태어났다. 기록에 따르면 그는 신라 때 문필가로 중국까지 유명세를 떨친 고운 최치원의 28대손이라고 한다. 그러나 최제우가 태어날 즈음, 그의 가문은 아버지 때에 이르기까지 6대째 벼슬에 오르지 못한 몰락한 양반 집안에 지나지 않았다. 아버지 최옥도 학식이 높고 인품이 훌륭한 사람이었으나 벼슬길에는 들어서지 못했다. 최옥은 환갑이 지난 나이에 단봇짐 장수 여인을 만나 아들을 얻었는데, 그 아이가 바로 최제우였다.

이 할아버지 같은 아버지는 예순셋에 얻은 아들을 무척 귀여워했다. 어린 최제우도 아버지를 인생의 스승으로서 진심으로 존경하고 따랐다. 동학의 경전에는 의리·공경·염치 등 유학에서 강조하는 덕목이 자주 등장한다. 이뿐만 아니라 최제우 자신도 '나의 도道는 공자님의 도와 거의 같다'라고 주장했다. 학자들은 동학의 창시자인 최제우가 무너져가는 조선의 국가 이념인 유학의 가르침을 여전히 중시한 데는, 어린 시절 유학자 아버지에게 받은 영향이 크리라 짐작하곤 한다.

그러나 아무리 귀여움을 받았어도 최제우는 아버지의 대를 이을 수도, 과거를 볼 수도 없었다. 아버지가 쌓은 학문을 부지런히 익히고 뜻을 이해했지만, 서자 신분이었던 최제우가 그 학문으로 할 수 있는 일이란 아무것도 없었다.

아버지 최옥은 아직 소년의 티를 벗지 못한 열일곱의 최제우를 두고 일흔아홉의 나이로 숨을 거두었다. 인생의 버팀목인 아버지를 잃은 이 불쌍한 소년에게는 이미 돌봐야 할 가족이 있었다. 열세 살에 혼인한 탓이다. 그러나 과거를 볼 수 없는 최제우에게 그동안의 공부는 아무 소용이 없었고, 그렇다고 해서 농사를 지을 수도 없었다.

이 '소년 가장'은 자신의 처지를

최제우 초상화.

절감했다. 마침내 집안 살림이 점점 줄어들어서 그 끝을 알 수 없는 지경에 빠진 스물한 살의 어느 날, 최제우는 집과 고향을 등지고 나와 세상을 떠돌기 시작했다.

깨달음을 얻을 때까지

거처 없이 떠돌아다니는 동안 최제우는 '밑바닥 생활'을 했다. 마을 훈장이 되어 아이들을 가르쳤으나 생계를 유지하기 어려워 장사를 하기도 하고 점치는 법을 배우기도 했다. 그 시대에는 천한 기술로 여긴 의술을 익힌 것도 이 무렵이다. 최제우에게 이런 거친 생활은 책 속에서 배울 수 없는 삶의 현실과 시대 상황을 몸으로 느끼는 좋은 기회가 되었다.

그가 떠돌이 삶을 살던 때의 조선은 매우 어지럽고 비참한 상태였다. 괴질(콜레라)이 돌고 큰 물난리가 나서 수십만 명의 사람이 죽었으며, 부패하고 탐욕스러운 관리들의 횡포로 농민들은 굶주렸다. 민란이 수없이 일어났지만, 무능한 정부는 별다른 대책을 내놓지도 못했다. 게다가 조선 바깥의 사정도 좋지 않았다. 조선의 정신적 지주인 중국은 서양의 공격 앞에서 아편전쟁(1840년 아편 문제를 놓고 청나라와 영국이 벌인 전쟁. 1842년 청나라가 패하며 난징조약을 맺음으로써 종결됐다) 이후 무기력하게 무릎을 꿇었고, 서양 정신과 군힘의 짙은 출몰은 조선도 인제 침략당할지 모른다는 불안감을 나라 전체에 한껏 불러일으켰다.

이런 상황에서, 어린 시절부터 유학이라는 '지도자 교육'을 받은 최제우가 백성의 비참한 삶과 위태로운 나라 현실을 그냥 두고 볼 수만은 없었을 것이다. '인심이 위태롭고 도심道心(바르고 착한 길을 좇으려는 마음)이 미미하여 삼강三綱이 모두 허약해지고 오륜五倫이 점차 해이해지는' 상황에서 그는 10여 년을 이어온 방랑의 세월을 접었다. 생계를 위한 모든 활동을 과감하게 던져버린 것이다. 그리고 나라와 백성을 구할 방법을 찾기 위한 긴 고민에 들어갔다.

오심즉여심과 깨달음

최제우가 생업을 포기하고 백성을 구할 깨달음을 얻기 위해 은둔하게 된 데는 '을묘천서乙卯天書 사건'이라는 결정적인 계기가 있었다. 1855년 어느 날, 서른두 살의 최제우에게 금강산에서 왔다는 한 스님이 찾아왔다. 이 스님은 탑 위에서 기이한 서적을 발견하여 그 뜻을 아는 사람을 찾는다고 말하며 최제우에게 책을 전해주었다. 이 책이 바로 《을묘천서》다. 이 책은 학식이 높은 그로서도 생소하게 느껴졌다고 한다. 이러한 사실에 비추어 학자들은 아마도 그가 이 무렵부터 전통적인 유교나 불교와는 다른 새로운 종교를 만들 생각을 하고 있었으리라 추측한다.

《을묘천서》를 받았다고 해서 바로 깨달음을 얻은 것은 아니었다. 그는 이후 5년 동안 은둔하며 깨우치기 위해 피나는 노력을 했다. 천성산에 들어가 도를 닦기도 했고, 49일 동안 정성스럽게 기도도 했다. 그러나 무슨 조화인지 그때마다 어떤 일이 생겨 뜻을 이루지 못

최제우가 떠돌이로 살던 시기 조선은 매우 어지럽고 비참한 상태로, 민란이 수시로 일어났다. 관군인 순무영군이 홍경래군과 대치하고 있는 모습을 그린 〈순무영진도〉. 서울대 규장각 소장.

했다. 1859년, 마침내 최제우는 식구를 모두 데리고 고향 경주로 돌아와 아버지가 학문을 닦던 구미산 용담정에서 수도를 계속했다. 결심을 굳게 하려고 이름을 '제선濟宣'에서 세상을 구한다는 뜻의 '제우濟愚'로 바꾼 것도 이 무렵이었다.

그러던 어느 날, 마침내 깨달음의 순간이 왔다. 한울님(하느님)을 만나는 신비체험을 한 것이다. 수도하던 그의 마음에 한기가 들고 몸이 떨리면서 한울님의 목소리가 들려왔다.

"두려워 마라. 세상 사람들은 나를 하느님[上帝(상제)]이라 한다. 내 너를 세상에 낳아서 이 법을 주어 세상 사람들을 올바로 가르치려고 한다. 내 마음이 곧 네 마음이다[吾心卽汝心(오심즉여심)]."

사실 '한울님'은 우리 민족에게 낯선 말이 아니다. 하늘은 조상 대대로 우리 민족이 섬기고 따르는 대상이었고, 한울님이란 하늘을 인격화한 대상에 지나지 않기 때문이다. 최제우는 우리 민족의 삶 속에 면면히 흘러온 전통을 바탕으로 세상의 혼란을 잠재울 새로운 종교를 만들어냈다. 그가 들은 한울님의 말씀 가운데 '내 마음이 곧 네 마음'이라는 말은, '나 자신뿐만 아니라 모든 사람이 곧 한울님처럼 귀중한 존재'라는 뜻이다. 따라서 하늘을 섬기라는 것[侍天主(시천주)]은 나 자신과 다른 모든 사람을 한울님 대하듯 존엄하게 대하라[事人如天(사인여천)]는 뜻이 된다.

나아가 우리는 본래 누구나 한울님과 같은 깨끗하고 순수한 마음을 지니고 있다. 그러나 현실의 사람들은 그렇지 못하다. 우리는 이기심과 욕심으로 가득 차 제각기 자신의 이익만을 좇고 있을 뿐이다[各自爲心(각자위심)]. 세상 사람들이 한울님과 같은 원래의 단순하고 소박한 마음을 회복한다면, 세상은 너와 나의 구분이 사라지고 서로가 서로를 존중하며 아끼는 '군자들의 공동체'가 될 것이다[億兆蒼生同歸一體(억조창생 동귀일체)].

아울러 깨달음의 순간에 최제우는 한울님으로부터 '동학'이라는 종교의 이름과 영부靈符와 주문呪文을 받았다. 이로써 동학이라는 새로운 종교가 탄생하게 된 것이다. 1860년 4월 5일, 그의 나이 서른일곱에 일어난 일이다.

소외된 이들의 가슴에 불을 지피다

그가 한울님에게서 받은 영부란, 종이에 그린 일종의 '부적'이다. 주문은 한 글자 한 글자에 헤아릴 수 없는 큰 뜻이 있어서, 이것을 외우면 모든 어려움을 이겨내고 큰 복을 받을 수 있다는 글이다. 최제우는 깨달음을 얻고 1년이 지난 1861년부터 동학을 포교(동학에서는 포교 대신 '포덕布德'이라는 표현을 썼다)하기 시작했는데, 이때 영부와 주문은 큰 효과를 발휘했다. 동학의 가르침에 따르면, 한울님을 충실히 믿는 사람이 주문을 외우고 영부를 태워 물에 타 마시면 질병이 사라지며 마음의 근심이 없어진다고 한다. 사실 태운 종이를 물에 타 마시는 것은 배탈을 치료하는 민간요법이다. 아무튼 콜레라와 수많은 재앙에 시달리던 그 당시 사람들에게 이러한 동학의 무속적인 의식은 마음의 평안과 위안을 줬다.

사실 최제우가 동학을 포교한 기간은 1년 반 정도밖에 되지 않는다. 그동안 이 새로운 종교는 경상도·전라도를 비롯하여 충청도·경기도까지 사람들의 마음을 빠른 속도로 사로잡았다. 신도 수가 무려 1만 3000여 명에 이르렀다. 이러한 '붐'을 단순히 무속 신앙적인 요소만으로 설명해내기는 어렵다. 그렇다면 동학이 백성들의 마음에 깊숙이 파고든 진짜 이유는 무엇이었을까?

그 이유는 동학이 당시 조선 사회의 모순과 소외받은 민중의 소망을 정확히 파악했다는 사실에 있겠다. '사람은 전부 한울님같이 존엄하므로 모두가 평등하다'는 동학의 사상은, 엄격한 신분 사회에 묶여 희망도 없이 착취당하는 삶을 살아가는 민중에게 큰 위안을 줬다. 나아가 '동에서 나서 동에서 받았으니 도는 천도天道이나 학은 동학'이라고 내세우며 민족의 자존심을 드높이는 동학의 교리는 점차 거세지는 서구 열강의 침략에 주눅 들고 상처받은 민중의 마음을 단번에 사로잡을 만했다.

그러나 이러한 동학의 붐은 조선의 지배층에게 커다란 위협으로 여겨졌다. 모든 사람이 전부 소중하다는 이유로 '사해 평등주의'를 내세우며 새로운 세상의 개벽을 주장하는 동학사상은, 결국 사농공상士農工商의 엄격한 신분 사회인 조선의 통치 질서를 무너뜨릴 수 있는 위험한 사상이기 때문이다. 권력을 쥔 이들의 눈으로 볼 때, 천주天主(한울님)를 믿는 동학 교도들은 마찬가지로 천주를 내세우며 모든 이의 평등과 새 세상으로의 구원을 부르짖는 서학西學(천주교)의 무리와 크게 다르지 않았다.

경계의 눈초리가 심해지고 불안한 소문이 돌기 시작한 지 얼마 뒤, 은둔하던 최제우는 마침내 혹세무민惑世誣民의 죄명을 쓰고 경주 진영(군사적으로 중요한 지점에 둔 군영)에 체포됐다. 교도들의 간곡한 요청으로 잠시 풀려나기는 했지만, 결국 그는 1년 만에 다시 붙들려 들어간 뒤 1864년 3월 10일, 마흔한 살의 나이로 대구에서 처형당하고 말았다.

근대적 인권을 향한 큰 발걸음

죽기 1년 전인 1863년, 최제우는 다가오는 탄압과 죽음을 예견하고 제자 최시형을 후계자로 삼았다. 최시형은 그의 가르침을 《동경대전》(1861~1863)과 《용담유사》(1860~1863)라는 두 개의 경전으로 정리하였다. 그리고 제3대 교주인 손병희에 이르러 '천도교天道敎'로 이름이 바뀐 동학은 우리 사회에 굳건히 뿌리를 내리고 지금까지 이어지고 있다.

동학에서는 최제우가 한울님에게서 가르침을 받은 순간 개벽이 일어나, 낡은 세계가 망하고 새로운 세상이 열린 것으로 본다. 우리나라 근대 역사에 있어서 동학은 분명히 새 세상을 열어준 사상이었다. 오랜 세월 이어진 신분에 따른 차별을 없애고, 모든 사람이 동등하게 자유를 누려야 한다는 근대적 평등사상을 처음으로 우리 역사에 펼

《용담유사》는 최제우가 지은 동학의 한글 경전이다. 총 8편으로 구성되어 있으며 자신의 종교적 체험과 가르침을 가사 형태로 만들었다.

친 것이다.

그러나 동학에서의 평등은, 사람들 각각의 이익 추구가 모두 소중하므로 이를 보호하고 존중해야 한다는 생각에서 출발하는 서양의 평등 개념과 전혀 다르다. 동학의 관심은 '나'가 아니라 '우리'에 있다. 내가 소중한 만큼 남도 소중하다고 여기는 것이 아니라, '우리 모두가 한울님같이 존엄한 존재'라는 믿음에서 모두가 평등하다는 사실을 끌어낸다. 따라서 동학사상 안에는 서양 사람들에게서 흔히 볼 수 있는 개인주의나 이기주의적 생각이 자리 잡을 곳이 없다.

서양식 사고를 잘못된 방식으로 받아들인 나머지 다른 사람을 향한 진정한 존경을 잊어버리고 자신만의 세계에서 외로움과 소외감으로 고통받는 현대인에게, 동학은 진실한 배려와 인간관계의 소중함을 일깨워주는 셈이다. 이 점에서 동학은 역사책에 담긴 죽은 사상이 아니라, 여전히 우리가 귀 기울여야 할 귀중한 조상의 가르침이다.

통찰 열기

막스 베버는 자본주의가 근검절약을 강조하는 프로테스탄티즘에
서 비롯되었다고 설명한다. 하지만 1990년대 뚜웨이밍 교수는 유
교의 전통에서도 자본주의가 피어나며, 서구보다 더 효율적이고
단단하게 작동한다고 주장했다. 이른바 '유교 자본주의' 이론이다.
그렇다면 민주주의는 어떨까? 자유와 평등이 서양의 자유주의 전
통에서만 비롯되었을까? 동학 등 우리의 철학으로 민주주의의 뿌
리를 설명할 수는 없을까?

상징형식의 균형이 세계를 구한다

에른스트 카시러

철학은 잠든 파수꾼

1920년대는 서구 문명이 눈부시게 발전하던 때였다. 과학기술은 거침없이 세상의 모습을 바꾸어놓았다. 대량생산된 자동차가 도시의 모습을 변화시켰고, 점차 늘어나던 비행기는 마침내 대서양을 가로지르는 데 성공했다. 라디오 역시 빠르게 퍼져나가 세상 소식을 신속히 전했으며, 전화기는 대화에 필요한 시간적·공간적 제약을 줄여 사람들이 좀 더 쉽게 소통하게끔 했다.

그 당시엔 이렇듯 과학기술이 인류를 점점 풍요롭고 행복하게 만드는 듯싶었다. 또한 합리적·과학적 사고로 온갖 미신과 잘못된 믿음을 몰아내면 세상은 더욱 올곧고 살기 좋아질 것이라 낙관하는 이들이 적지 않았다.

하지만 그와는 다른 현실도 존재했다. 수천만 명의 사상자를 낸 세계대전을 고작 몇 년 전에 이미 치르고도, 세상은 두 번째 세계대전을 향해 달려가고 있었다. '사람들을 살기 좋게 하는 기술들이 더욱 발전하고 합리적 생각도 뿌리내려가는데, 왜 세상은 점점 거칠고 사나워질까?' 에른스트 카시러Ernst Cassirer는 이 물음을 파고들던 유대계 독일 철학자다.

그는 당시의 철학을 '위험한 때 잠에 빠져버린 파수꾼'에 빗댔다. 시대가 잘못되어가고 있음을 알아채고 이를 세상에 알려야 할 철학이, 제구실을 못한다는 뜻이었다. 카시러는 제1차세계대전과 제2차 세계대전을 겪으며 위기의 시대, 철학의 역할이 강력히 요구되는 사회의 한가운데에 서 있었다. 그는 세상이 망가진 원인을 무엇에서 찾았을까? 나아가 시대를 구하기 위해 어떤 해법을 내놓았을까?

인간은 상징의 동물

에른스트 카시러에 따르면, 인간은 '상징의 동물animal symbolicum'이다. 우리가 세상을 있는 그대로 보지 않고 상징을 통해 바라보며 이해한다는 의미에서다. 벨기에의 초현실주의 화가인 르네 마그리트René Magritte의 〈이미지의 배반〉(1929)을 예로 들어보자. 마그리트는 캔버스에 파이프를 그린 다음, 하단에 "이것은 파이프가 아니다Ceci n'est pas une pipe"라고 적었다.

이것은 파이프일까, 아닐까?

파이프를 그려놓고 파이프가 아니라니, 언뜻 괴상하게 느껴진다. 하지만 생각해보면 맞는 말이다. 캔버스 속 파이프는 그림이지, 진짜 파이프가 아니지 않은가. 그런데도 굳이 따지지 않는 한 우리는 파이프 그림, 즉 상징을 파이프로 받아들인다. 우리 삶은 이 같은 상징으로 가득 차 있다. 글자나 그림으로 나타낸 표지판, 메시지를 보낼 때 붙이는 이모티콘 등등, 인간은 상징으로 세상을 표시하고 바라보며 이해한다.

나아가 상징은 현실보다 더 강하게 우리 삶을 이끈다. 예컨대 우리는 사과 세 개를 정교한 그림으로 그릴 수 있다. 이를 동그라미 세 개로 표현할 수도 있다. 또한 '3'으로 나타낼 수도 있다. 그때 숫자 3은 사과와는 아무 관련이 없다. 이렇게 상징으로 만드는 과정에서 인간 정신은 실제 세계에서 놓여나게 된다. 상징을 통해 우리는 훨씬 폭넓고 다양한 계산과 생각을 펼칠 수 있는 것이다.

인간이 만드는 상징은 다양하다. 카시러는 그것들의 예로 언어·신화·종교·예술·과학·수학·논리 등을 든다. 우리는 상징들의 관계 속에서 세상을 살아간다. 어느 때는 과학의 눈으로, 어느 상황엔 종교의 논리에 따라 세상을 해석하고 행동하는 식이다. 카시러의 설명을 좀 더 따라가보자.

세상은 상징형식에 따라 달라진다

에른스트 카시러의 저서 《상징형식의 철학》(1923~1929)엔 그가 시대의 문제를 무엇으로 보는지, 해법은 어디서 찾는지가 오롯이 담겨 있다. 상징들은 제각각 자기들만의 관계, 즉 상징형식을 이룬다. 그리고 어떤 상징형식을 따르는지에 따라 세상의 의미는 달라진다.

물리학이라는 상징형식에선 '생명'이라는 낱말에 큰 의미가 없다. 여기선 '생명'이나 '운명'이나 가치 없긴 마찬가지다. 물리법칙에 따라 움직인다는 점에서 살아 있는 것과 그렇지 않은 것의 차이가 없는 탓이다. 하지만 생물학에서는 '생명'이 아주 중요한 단어로 자리매김한다.

'자비로움'이라는 말은 어떨까? 과학이라는 상징형식에서 '자비로움'은 그다지 큰 울림이 없다. 반면에 종교나 윤리의 상징형식에서 '자비로움'은 무척 중요한 아이디어다. 만약 누군가가 '자비로움'은 과학적으로 증명할 수 없기에 가치 없다고 말하면 어떨까? 이는 종교나 윤리의 상징형식을 이해하지 못했다는 사실만 드러낼 뿐이다.

이렇듯 세상에는 여러 상징형식이 있다. 또한 각각은 나름의 의미와 가치를 지닌다. 카시러는 상징형식 사이의 균형이 무너질 때 세상도 망가진다고 힘주어 말한다. 누군가 '과학의 상징형식이 절대적으로 옳기에 종교의 상징형식은 덜떨어진 것'으로 여긴다면 어떨까? 종교나 윤리에는 과학적으로 증명하기 어려운 점이 많다. 그렇지만 이 둘은 여전히 우리 삶에 큰 영향을 끼치는 상징형식이다. 이를 무시하고 세상을 자연법칙이나 손익의 눈으로만 바라보려 할 때, 삶과 사회의 많은 부분은 무너지고 만다.

그래서 철학자는 각각의 상징형식이 어떤 의미를 담고 있으며, 어떻게 만들어지는지를 꼼꼼히 설명해야 한다. 세계를 단박에 가장 잘 설명하는 단 하나의 상징형식은 없다. 세상을 제대로 알려면 여러 상징형식을 찬찬히 살피며 하나씩 이해해야 한다. 철학자가 다른 분야의 학자들과 계속해서 이야기를 나누며 그들의 생각을 알아가야 하는 이유다.

또한 상징형식은 결국 인간의 문화 속에서 만들어진다. 따라서 상징형식을 알아가는 일은 문화를 탐구하는 작업이다. 이쯤 되면 왜 카시러가 '문화철학자'로 불리는지를 이해할 수 있다.

바르부르크의 서재

에른스트 카시러는 자신의 철학을 평생 실천한 사람이다. 그래서 그에겐 '공무원 철학자'라는 별명이 잘 어울린다. 길거리에서 전투가 벌어지는 중에도 카시러는 강의를 꿋꿋하게 이어갔을 정도다. 아침엔 스포츠면부터 시작해서 신문을 꼼꼼히 읽으며 세상을 살폈고, 출근길 전차 안에서도 줄곧 책장을 넘겼다. 이러면서 그는 다른 학문 분야를 알고자 끊임없이 노력했다. 순전히 알베르트 아인슈타인Albert Einstein의 상대성이론을 이해하기 위해서 직접 이에 대한 논문을 썼을 정도다. (아인슈타인 역시 카시러의 학문을 높이 샀다.)

"너는 필요한 모든 것을 이려움 없이 표현할 수 있습니다." 카시러가 종종 사람들에게 한 말이다. 그는 알아야 할 분야가 있으면 언제든 파고들었고, 차분하고도 빈틈없이 상징형식 하나하나를 살피며 그것이 만들어지는 원리를 파악했다. 카시러는 여러 상징형식을 견주어 살피다 보면, 마침내 모두를 꿰뚫는 상징의 생성 원리를 발견하리라 믿었다. 이것을 찾아내면 서로 갈등하는 여러 가치관을 잘 조정할 수 있다고 생각했다.

함부르크대학 교수이던 1922년, 독일의 미술사학자 아비 바르부르크Aby Warburg의 서재에 초대받으며 카시러의 철학은 더욱 깊어졌다. 은행가 아버지를 둔 바르부르크는 엄청난 부자여서, 세계 곳곳에서 인류 문명이 어떻게 펼쳐지는지를 알게 하는 귀중한 자료를 모으고 있었다. 서재를 본 카시러는 크게 감동했다. 바르부르크 서재의 자료들은 독특한 원칙에 따라 정리되어 있었다. '방향·그림·언어·행위'라는 큰 틀로 나뉜 자료들을 살피며 카시러는 중요한 깨달음을 얻었다. '상징과 인간은 영원히 서로를 가르친다'는 것이다.

우리는 태어날 때부터 상징형식 속에서 살아간다. 상징은 우리보다 더 오래되었고, 어떤 의미에서는 더 지혜롭다. 상징이 없다면 알지 못할 세계의 속살을 우리에게 알려주기 때문이다. 게다가 상징형식을 제대로 알면 인간은 죽음도 넘어서게 된다.

물론 우리는 모두 결국 죽지만, 내가 만들어냈거나 더 잘 작동되도록 힘을 보탠 상징형식은 인류와 함께 영원히 살아남을 테다. 상징형식을 탐구하는 일은 문화와 역사를 제대로 알아가는 작업일 뿐 아니라, 인류 문명이 영원히 발전하게끔 방향을 잡아가는 과정이기도 하다. 카시러는 이런 작업을 꾸준히 함께한다면 그 당시 차오르던 전쟁과 갈등의 기운 또한 잠잠해질지 모른다고 생각했다.

나치스가 다스리는 독일은 독일이 아니다

에른스트 카시러는 존경받는 학자였다. 함부르크대학과 프랑크푸르트대학이 서로 그를 초빙하려고 '작은 전쟁'을 치렀을 정도로 그의 인기는 높았다. 카시러는 결국 아비 바르부르크에게 이끌려 함부르크에 남았다. 1929년, 그는 대학 구성원의 압도적 지지로 함부르크대학 총장직에 오르기까지 했다. 이전까지 그 자리에 오른 유대인은 없었다.

하지만 1933년, 카시러는 그 영예로운 자리를 던져버렸다. 나치스의 아돌프 히틀러가 정권을 잡은 탓이다. 평소에도 그는 "나치스가 다스리는 독일은 독일이 아니다"라고 줄곧 말했다. 카시러는 '자유로운 시민들이 모여 국가를 함께 가꿔야 한다'고 주장하는 공화주의를 굳게 따르던 철학자였다. 그로서는 나치스의 집권을 도저히 받아들일 수 없었다. 물론 나치스 독일에는 유대인이 설 땅이 없기도 했다.

이후 그는 1945년 미국에서 숨을 거둘 때까지 스위스·영국·스웨덴 등지를 떠돌아야 했다. 하지만 신산스러운 생활 속에서도 카시러는 삐뚤어지는 세상에 목소리를 냈다. 그는 진정 '위기의 순간에 깨어 있는 파수꾼'이었다. 미국으로 망명해 예일대학에 머물던 시기에 쓴 《국가의 신화》(이 책은 그가 죽은 뒤인 1946년 세상에 나왔다)엔 세계를 올곧게 세우려 한 카시러의 노력이 형형하게 실려 있다.

국가의 신화

과학의 시대에도 점집을 찾는 사람은 많다. 왜일까? 일이 잘 풀리고 마음이 편할 땐 미신에 끌리는 경우가 별로 없다. 사람들은 하는 일이 안 풀리고 살기 힘들 때, 우리 삶을 좌우한다고 내세우는 신비롭고 영적인 무엇에 강하게 끌리기 마련이다.

에른스트 카시러는 나라가 혼란스럽고 미래가 걱정될수록, 사람들이 신화라는 상징형식에 강하게 빠져든다고 설명한다. 현실이 아득하고 앞날이 막막할 때, 누군가 '우리의 밝은 운명을 보라!'라고 외친다면 어떨까? 역사의 옛 모습을 조곤조곤 들춰 우리가 얼마나 위대했는지를 보여주며 '우리는 신神이 선택한 민족으로, 반드시 승리할 운명이다!'라고 확신을 안기는 지도자를 만난다면?

아돌프 히틀러에게 이끌리던 독일이 이런 상황이었다. 카시러는 신화 자체를 나쁘게 보진 않았다. 문제는 상징형식 사이의 균형이 깨질 때다. 신화가 정치 영역으로 들어가 사람들의 믿음을 쥐고 흔드는 상황에서는 과학이나 이성 같은 다른 상징형식이 자리 잡을 곳이 없다. 히틀러는 아리안족(독일 민족)을 구원할 신화 속 영웅으로 본인을 교묘히 내세우며 신화를 영악하게 이용했다.

카시러는 이런 상황에 맞서야 한다고 줄기차게 외쳤다. 결코 '우리가 세상을 지배해야 한다'는 정치적 선동에 휘둘려선 안 된다는 말이었다.

히틀러는 독일 민족을 구원할 신화 속 영웅으로 자신을 교묘히 내세우며 신화를 영악하게 이용했다. 특히 게르만 신화를 토대로 한 바그너의 오페라 작품들을 정치 선전의 도구로 적극 활용했다. 1937년 바그너의 오페라 〈트리스탄과 이졸데〉 공연을 관람한 히틀러.

반드시 부활해야 할 철학자

20세기 초반만 해도 에른스트 카시러는 유럽에서 가장 중요한 철학자였다. 그렇지만 21세기 오늘날에 그는 잊혀버린 철학자에 가깝다. 카시러의 작업은 여러 학문 분야를 넘나들기에 무척 방대하고 폭넓다. 그의 사상을 이해하는 데 진입 장벽이 그만큼 높다는 뜻이다. 카시러의 철학엔 자극적으로 사람들을 확 끄는 무엇도 없다. 꾸준하고 끈질긴 지적 탐색만 거듭된다. 이러니 카시러의 철학을 찬찬히 이해하며 따라가기란 쉽지 않다.

그러나 우리 시대에 카시러는 반드시 부활해야 마땅한 철학자다. 현대 문명이 세상을 넓게, 균형 있게 보는 능력을 잃어가고 있기 때문이다. 검색엔진과 SNS는 우리의 정신을 가두는 '에코 체임버echo chamber'와 같다. 내가 관심 있는 것, 나와 비슷한 생각을 지닌 이들만 자꾸 접하게 만드는 까닭이다. 이런 분위기에 젖어들수록 생각의 균형은 빠르게 무너지며, 편견이 상식을 몰아내버린다.

카시러는 우리가 세상을 바라보는 상징형식 사이의 균형이 무너졌을 때 문명은 위기에 빠져든다고 봤다. 우리는 지금 과학과 도덕, 합리적 생각과 따뜻한 믿음이 조화를 이룬 세상에서 살아가고 있을까? 인류를 나락으로 떨어뜨리는 전쟁의 기운이 곳곳에서 짙어지는 요즘, 카시러의 철학을 살피며 우리 문명이 나아갈 길을 모색해보면 좋겠다.

통찰 열기

과학은 원인과 결과를 따져, 왜 이렇게 일이 벌어졌는지를 밝혀낸다. 그러나 일어난 일이 어떤 의미가 있는지까지는 설명하지 못한다. 과학에서는 객관화, 계량화가 핵심이다. 누구나 바로 고개를 끄덕이게끔 수치로 명확하게 드러낼수록 설득력이 높다고 여긴다. 한편 얼마나 비싼지는 가치를 비교할 때 효과적인 잣대가 된다. 얼마나 돈이 많은지도 삶의 수준을 가늠할 때 비슷한 역할을 한다. 하지만 이런 기준이 대세가 되는 것이 바람직할까? 과학과 돈이 가치의 핵심인 자본주의는 어떤 관계일까? 에른스트 카시러는 '상징형식 사이의 균형'을 강조한다. 과학과 돈이라는 상징형식을 넘어서는, 수치를 넘어 삶의 의미를 짚어주는 다른 가치 체계에는 무엇이 있을까?

자유와 평등을 향한
절대정신

게오르크 헤겔

나는 절대정신을 보았다

1806년 10월, 예나대학의 교수인 게오르크 헤겔Georg Hegel은 마음이
급했다. 계약된 원고를 출판사에 보내야 할 마감이 가까워졌기 때문
이다. 한창 원고를 마무리하던 어느 날, 프랑스 황제 나폴레옹 1세
Napoléon I(재위 1804~1814, 1815년)의 군대가 예나를 공격하기 시작했다.
헤겔은 성벽을 향해 쏘아대는 포 소리를 들으며 급하게 글을 썼다.
이렇게 태어난 책이, 가장 어려운 내용임에도 철학의 역사에 매우 큰
영향을 끼쳤다는 《정신현상학》(1807)이다.

원고를 완성하기 전날, 헤겔은 예나에 들어와 도시를 살피는 나폴
레옹을 보았다. 그는 가슴이 벅차 출판사에 편지를 썼다. "저는 말 위

에 탄 절대정신Absoluter Geist을 보았습니다." 헤겔 철학에서 절대정신
은 매우 중요한 개념이지만 한마디로 설명하기 어렵다. 절대정신은
우주를 지배하는 힘 또는 섭리와 비슷하다고 볼 수 있다. 게르만 민
족(당시 독일이라는 나라는 아직 없었다)의 입장에서 프랑스 군대는 엄연한
침략군이었다. 그런데도 왜 헤겔은 나폴레옹을 보고 감동했을까? 나
아가 그는 왜 나폴레옹을 '절대정신'이라고 불렀을까? 여기에는 길고
도 깊은 사연이 있다.

역사란 자유의 확대 과정

게오르크 헤겔이 스무 살이 되던 해인 1789년, 프랑스에서 대혁명이
일어났다. 튀빙겐대학의 신학생이던 헤겔은 혁명 소식을 듣고, 같은
방을 쓰는 두 친구와 기쁨에 겨워서 손잡고 빙빙 돌며 노래를 부르
기까지 했다. 이때 그와 함께했던 친구가 프리드리히 횔덜린Friedrich
Hölderlin과 프리드리히 셸링Friedrich Schelling이다. 이 둘은 각각 뒷날에
시대를 대표하는 시인과 철학자가 되었다. 죽을 때까지 헤겔은 프랑
스혁명이 시작된 7월 14일을 기념하여 축배를 들었다. 자유·평등·박
애를 세상에 떨친 프랑스혁명은 그 정도로 헤겔에게 큰 영향을 끼쳤
다. 프랑스혁명이 헤겔에게 미친 영향을 설명하려면《역사철학강의》
(1837)부터 짚어보아야 한다.

《역사철학강의》는 헤겔이 베를린대학에서 가르친 내용을 그가 죽
은 뒤에 묶어 펴낸 책이다. 여기서 그는 역사를 '자유의 확대 과정'으

로 풀어낸다. 인류사 초기에는 권력을 쥔 한 사람만 자유로웠다. 이후의 역사는 소수의 사람이 자유로운 시대로, 그리고 모두가 자유로운 세상으로 나아갔다. 왕이 홀로 권력을 움켜쥐던 고대국가에서 몇몇 귀족과 자유인이 문화를 누린 그리스 사회로, 나아가 더 많은 시민이 자유인의 권리를 지닌 로마공화정 시대 등으로 역사는 발전해 갔다.

헤겔이 역사를 자유의 확대 과정이라고 확신한 까닭은 무엇일까? 그는 역사를 '절대정신이 자신을 실현해가는 과정'으로 보았다. 절대정신의 본질은 바로 '자유'다. 물질과 달리 절대정신은 자연법칙에 얽매이지 않는다는 점에서 그렇다. 결국 역사는 절대정신이 자기 본성인 자유를 실현해나가는 과정이다.

절대정신의 간지

하지만 여전히 마뜩잖은 부분이 있다. 역사에는 독재자가 민주 사회를 짓밟은 경우도 적지 않다. 우리가 사는 세상에서도 자유가 확대되기는커녕 구속과 통제만 늘어나는 국가들이 눈에 띈다. 이런데도 자유가 끊임없이 자란다고 말할 수 있을까?

게오르크 헤겔도 역사가 때때로 이해되지 않는 모습으로 나타난다고 말한다. 그러나 궁극적으로 역사는 자기가 가고자 하는 방향으로 나아간다. 역사를 움직이는 힘은 인간이 아니라, 절대정신이기 때문이다.

사과나무에서 귤이나 배가 열리는 법은 없다. 사과 씨앗에는 이미 사과나무가 될 가능성이 담겨 있다. 마찬가지로 역사를 이끄는 절대정신은 긴 세월을 거치며 자유라는 자신의 본성을 차근차근 실현해 간다. 그렇다면 나폴레옹 1세같이 역사를 이끄는 인물의 역할은 무엇일까?

절대정신은 스스로 움직이지 못한다. 그래서 사람들을 움직여 자기 뜻을 이루어간다. 이때 절대정신이 선택한 사람들을 헤겔은 '세계사적 인물'이라고 부른다. 인형극에서 배우가 인형들을 움직이듯, 절대정신은 세계사적 인물을 교묘하게 이끈다. 그들은 자신이 원해서 일을 벌인다고 생각하지만, 실은 절대정신이 뒤에서 조종하고 있다는 의미다. 이를 헤겔은 '절대정신의 간지(간교한 지혜List der Vernunft)'가 역사를 이끈다고 설명한다. 그렇게 생각하는 헤겔에게 나폴레옹은 위대한 장군이기에 앞서 '자유·평등·박애'라는 혁명 정신 그 자체로 다가왔을 테다. 이러니 그가 나폴레옹을 가리키며 '(역사를 이끄는) 절대정신을 보았다!'라고 감격할 만하지 않았겠는가?

인정 투쟁, 주인과 노예의 변증법

이제 글머리에 등장한 《정신현상학》의 내용을 살펴보자. 《정신현상학》은 정신이 발전 과정을 정교하게 풀어낸다. 이는 나중에 출간된 《역사철학강의》와도 맥이 통한다. 인간의 정신은 감각에서 출발하여 마침내 절대정신에까지 다다른다. 그리고 앞서 봤듯 절대정신은 역

나폴레옹의 예나 입성을 직접 목격한 헤겔은 프랑
스혁명의 숭배자로서 이 '말 탄 절대정신'을 매우 반
가워했다. 1895년 〈하퍼스 매거진〉에 실린 그림.

사를 움직이는 원리이기도 하다.

게오르크 헤겔의 철학은 무척 어렵다. 전공자가 아니라면, 감각에서 출발해 절대정신에 이르는 헤겔의 설명을 따라가기란 매우 버겁다. 하지만 정신의 성장 과정에서 등장하는 '주인과 노예의 변증법'에 대해서는 알아둘 필요가 있다. 여기에 현대 민주 사회의 뿌리가 되는 원리가 잘 담겨 있기 때문이다.

세상에서 가장 소중하고 귀중한 사람은 나 자신이다. 인간은 누구나 다른 사람들이 자기를 귀중하고 특별한 존재로 여겨주길 바란다. 그때 다른 이들은 나의 욕망과 바람을 채워줄 대상일 뿐이다. 하지만 다른 사람의 욕망을 채워주는 도구가 되는 것에 만족할 사람이 있을까? 있을 리 없다. 모든 사람은 자기가 가장 존엄하다고 생각하며, 다른 이들은 나를 위해 존재하는 대상에 머무르기를 원한다. 그래서 인간 세상에서는 '인정 투쟁'이 끊임없이 벌어지곤 한다.

헤겔에 따르면, 인정 투쟁이란 '생사生死가 걸린 싸움'이다. 죽음의 두려움을 이기고 끝까지 싸워 이긴 자는 주인이 된다. 반면에 목숨이라도 구하려고 상대의 도구가 되기를 받아들인 자는 노예의 처지로 떨어진다.

하지만 시간이 흐를수록 주인과 노예의 처지는 묘하게 엇갈린다. 주인은 스스로 일하지 않는다. 노예의 노동에 의지할 뿐이다. 노예가 일하지 않는다면 주인은 어떻게 될까? 오히려 주인이 노예의 노예가 되어버린다.

노예는 어떨까? 노예는 주인을 보면서 바람직한 인간의 삶이 무엇인지를 깨닫는다. 자유롭고 용맹하며 거침없어야 한다는 것 등을 알아간다는 뜻이다. 그런데도 노예는 감히 주인에게 맞서지 못한다. 그 대신 자신의 가치를 노동에서 찾는다. 노동으로 대상이 바뀌는 모습을 보면서 자기 힘과 능력을 확인해간다. 노예는 노동으로 세상을 바꾸어가며 자기에게도 주인이 될 만한 능력이 있음을 깨닫는다. 나아가 주인만큼 자유로워야 한다고 생각하며, 그렇게 되기 위해 노력한다. 이 과정에서 주인과 노예의 관계는 뒤바뀌고 세상은 점점 평등한 쪽으로 나아간다.

헤겔이 인정 투쟁, 주인과 노예의 변증법을 통해 말하고자 한 바는 인류 사회가 '모두가 동등한 인격체로 인정받는 세상'으로 바뀌어야 한다는 점이다. 과거와 비교해본다면 지금 우리의 사회가 그런 모습이 아닐까? 인류 사회는 헤겔이 주인과 노예의 변증법으로 주장한 방향을 향해 간다. 정신과 역사가 발전하는 방향인, 차별도 멸시도 없는 평등하고 자유로운 세상으로 나아가고 있다.

대립이 없으면 발전도 없다

주인과 노예의 관계를 알게 됐다면 이제 '변증법Dialektik'이 무엇인지도 살펴보자. 게오르크 헤겔에 따르면, 세상은 끊임없이 움직이고 변한다. 세상과 역사를 움직이는 힘은 적대와 갈등의 모습으로 나타난다. 심지어 그는 '갈등과 대립이 없는 시기란 역사의 공백일 뿐이다'라고 말하기까지 했다.

체계와 일관성을 중요시한 헤겔은 《대논리학》(1812~1816)을 통해 정신과 세계, 역사를 지배하는 통일된 법칙으로 변증법을 내세운다. 변화하는 세상은 참과 거짓으로 무 자르듯 나뉘지 않는다. 세상의 모든 것은 자신과 맞서던 상대를 아우르며 앞으로 나아간다.

어린아이와 어른을 예로 들어보자. 아이는 어른으로 자라난다. 아이가 사라져야 어른이 나타날까? 그렇지 않다. 아이의 특징이 '정正, These'이라면, 이와 비교되는 어른의 특징은 '반反, Antithese'이다. 성장 과정에서 이 둘의 특징이 서로 맞서다가 마침내 청소년이라는 새로운 '합合, Synthese'으로 나아간다. 물론 청소년이 성장의 끝은 아니다. 청소년으로 '지양止揚, Aufhebung'될 뿐이다. 지양이란 낮은 단계의 본질을 보존하면서 높은 단계로 나아가는 일을 뜻한다. 변증법에서 변화는 완성이 없다.

정신과 역사의 발전도 마찬가지다. 왕정에서 민주 사회가 되었다고 해서, 왕이 다스리던 때의 모습이 갑자기 사라지진 않는다. 어른이 되었다고 해서 어린 시절의 유치한 생각들이 한순간에 없어지지도 않는다. 세상은 낡은 것과 새것이 계속해서 부딪치며 더 나은 쪽으로 나아간다. 이런 모습이 헤겔이 말하는 '변증법적 발전'이다.

국가, 인류을 실현하는 수단

말년에 게오르크 헤겔은 엄청난 명성을 얻었다. 베를린대학 총장을 지내기도 했으며 '프로이센의 국가 철학자'라는 찬사를 받기도 했다.

독일 슈투트가르트 시청사 벽면에 세워진 헤겔의 동상. 슈투트가르트는 헤겔의 고향이다.

《법철학 강요》(1820) 등 그의 저서가 권력자들이 원하는 바를 담고 있었기 때문이다.

헤겔에 따르면 사회는 가족에서 시민사회로, 그리고 국가로 발전해간다. 가족은 따뜻한 사랑과 관심으로 맺어진 관계다. 여기서는 한 사람 한 사람보다 가족이라는 공동체가 더 중요하게 여겨진다. 산업이 발달하기 전, 옛 농촌 사회의 모습과 비슷하다.

반면에 시민사회에서는 개인이 세상의 중심이 된다. 시민들은 '사람 대 사람'으로 당당하게 서로를 만난다. 그리고 각자의 이익을 좇는다. 이 가운데서 협력도 하고 질서도 지키지만, 결국은 이로움을 얻기 위해 행동할 뿐이다. 따라서 시민사회에서는 이기심에 휘둘리기 쉽다. 법이나 제도를 자기 뜻대로 이용하려는 이익 단체나 사람들을 떠올려보라.

국가는 사회와 시민사회의 본질을 보존하면서 더 나은 세상으로 사람들을 이끈다. 국가는 가족에서처럼 개인이 공동체에 얽매이지 않게 하며, 시민사회에서처럼 개개인이 자기 이익만 좇아 움직이도록 내버려두지도 않는다. 국가는 개인의 자유를 지켜주면서도 질서 안에서 사람들이 안전하게 지낼 수 있도록 이끈다. 나아가 시민들이 무엇을 바라고 어떻게 행동해야 하는지도 정해준다. 그래서 헤겔은 사람이 사람으로서 살기 위해 마땅히 알고 따라야 할 것, 즉 '인륜人倫, Sittlichkeit'을 실현하는 수단이 국가라고 했다.

현대 철학의 기준이 된 철학자

게오르크 헤겔의 주장은 권력자들에겐 '국가에 충성하라'는 이야기로 다가왔을 것이다. 이 때문에 헤겔은 살아생전엔 국가에 충성하고 변혁을 막는 철학자로 여겨졌다. 하지만 다른 한편에서는 헤겔을 가장 진보적인 주장을 펼치는 학자로 보기도 했다. 역사는 계속해서 자유가 확대되는 방향으로 나아간다고 주장한 점을 생각하면 이렇게도 보인다.

헤겔을 둘러싼 평가는 그가 죽은 뒤에도 극단적으로 갈렸다. 그를 '국가 철학자'로 떠받들던 프로이센 당국은 자유와 평등을 앞세우며 왕권과 교회를 우습게 여기는 '헤겔이라는 사악한 씨앗'을 뽑아버리라고 했다. 또 어떤 이들은 역사의 발전이라는 명분을 앞세워 개개인의 소중한 삶을 짓밟은 철학자라고 헤겔을 공격하기도 했다.

흔히 헤겔 이후를 '현대 철학'이라 부르곤 한다. 그의 철학에 역사발전과 자유, 정신과 개인 등 우리 시대 철학자들이 다루는 다양한 생각이 들어 있기 때문이다. 헤겔 철학은 무척 어렵다. 그러나 헤겔을 모르면 현대사상의 흐름을 제대로 짚어내기 힘들다. 실제로 헤겔의 생각은 우리 삶 곳곳에 깊이 영향을 줬다. 자유롭고 평등한 방향으로 나아가는 것이 사회의 '발전'이라는 생각을 사람들이 자연스레 품게 되었다는 점에서 그렇다. 그런 면에서 헤겔은 '자유인이 되는 길'을 우리에게 일러준 철학자이기도 하다. 복잡하고 난해한 헤겔 철학을 계속해서 곱씹어보아야 하는 이유다.

통찰 열기

국가의 역할은 어디까지여야 할까? 자유주의에서는 국가의 역할은 시민들의 '안전 지킴이'와 법이 잘 지켜지도록 하는 '심판자' 수준에 머물러야 한다고 말한다. 현대 복지국가는 '요람에서 무덤까지' 부모처럼 사람들의 삶을 챙겨주어야 한다. 반면, 헤겔에 따르면 국가의 목적은 인류 사회의 도덕(인륜Sittlichkeit)이 실현되게 하는 데 있다. 국가가 나서서 시민의 생활을 챙기고, 사회를 도덕적으로 만들기 위해 노력하는 모습은 과연 바람직할까? '좋은' 국가는 개인에게 무엇이어야 할까?

4장

좋은 삶과 세상을 여는 열쇠

어울림의 철학

정치적 감정,
혐오를 이기는 길

마사 누스바움

본능처럼 새겨진 혐오라는 감정

내가 늘 쓰던 컵에 바퀴벌레가 앉았다고 생각해보자. 벌레를 잡은 뒤 깨끗이 씻어도 그 컵을 쓰기가 망설여질 테다. 벌레의 흔적이 컵에 남아 있지 않아도 말이다. 왜 그럴까? 똥 모양으로 치즈 케이크를 만들었다고 해보자. 겉모습이 영락없는 그것(?)이다. 아무리 누군가가 맛있다고 해도 케이크를 선뜻 입에 넣기가 쉽지 않다. 먹는 내내 구역질이 올라올지도 모르겠다.

사실 이 모두는 정상적인 반응이다. 우리는 '전염contagion'을 두려워한다. 더럽고 흉측한 물체를 건들거나 먹으면 병에 걸리기 쉽다. 그 때문에 우리는 은연중에 이런 것들을 밀쳐내는 습관이 몸에 배도록 교육받았다. 어린아이가 오물 따위를 만지거나 입에 넣을 때 어른들이 '더러워, 지지!'라고 외치지 않던가. 이런 과정을 거듭하면서 배설물을 비롯해 썩어서 냄새나는 것, 뱉어낸 침이나 축축한 땀 등 끈적거리는 분비물에 대한 '혐오'가 본능처럼 우리 몸과 정신에 새겨진다.

차별과 혐오는 인간의 본성이다

미국의 정치철학자 마사 누스바움Martha Nussbaum은 여기서 한발 더 나아간다. 누스바움에 따르면, 인간은 다른 사람에게도 전염에 대한 공포와 여기서 비롯된 혐오의 감정을 느낀다. 누스바움의 말을 이해하기는 어렵지 않다. 누군가와 몸이 닿아서 불쾌했던 적이 있는가? 말을 섞고 싶지 않은 사람과 이야기한 뒤 내 정신이 '오염'된 듯해서 진저리를 친 경험은?

'접촉'은 항상 전염에 대한 두려움을 불러일으킨다. 혐오하는 '그들'과 접촉하면 나 또한 그들처럼 되어버릴까 봐 두려워서다. 그래서 사람들은 혐오하는 이들을 최대한 멀리하고, 심지어 아예 눈에 띄지 않도록 '격리'하기까지 한다. 인종차별이 심하던 시절, 미국에서는 백인과 유색인종이 이용할 수 있는 식당, 숙소 등을 엄격히 분리했다. 나치스의 독일에서는 유대인이 눈에 띄지 않도록 그들을 '게토 ghetto(유대인들이 모여 살도록 법으로 규정해놓았던 지역)' 안으로 몰아넣기까지 했다. 이렇듯 '더러운 존재'로 낙인찍힌 사람들에게는 차별과 멸

인종차별이 심하던 시절, 미국에서는 백인과 유색인종이 이용하는 장소를 엄격히 분리했다. 1938년 노스캐롤라이나주 핼리팩스 카운티 법원 잔디밭의 식수대. 'colored'라는 팻말이 붙어 있다.

시가 당연한 듯 뒤따랐다.

정도에 차이가 있을 뿐 우리의 현실도 별다르지 않다. 예컨대 왕따는 심각한 문제다. 왕따당하는 친구와 함께 있으면 자신도 비슷한 부류로 내몰릴 것 같은 생각이 든다. 그래서 나도 남들이 하듯 따돌림받는 이들을 손가락질하며 경멸한다. 이럴수록 나는 왕따와 전혀 다른, 더 나은 존재라는 안도감을 느낀다. 누스바움이 설명하는 차별과 멸시가 굳어지는 과정이다.

사회 안에서 벌어지는 혐오와 차별은 여기서 한참 더 나간다. '김

치녀', '한남충', '급식충', '개저씨', '틀딱' 등 경멸감을 가득 담은 '신조어(?)'가 넘치는 요즘이다. 이런 혐오의 말들이 널리 퍼지면 어떤 일이 벌어질까? 전쟁에서 적에게 사로잡혔을 때 살아남으려면 철모와 군복을 벗어 던지고 얼굴과 맨몸을 보여줘야 한단다. 군복을 입고 있을 때 상대는 나를 '적군'으로 여길 뿐이다. 그러나 민낯과 몸을 눈에 담고 나면 상대는 비로소 나를 '사람'으로 여긴다. 적군이라는 대상에게는 쉽게 방아쇠를 당기지만, 살아 있는 인간에게 총을 쏴 생명을 빼앗는 짓을 하려면 마음이 무척 괴롭다.

혐오의 말들도 다르지 않다. '빨갱이', '토착 왜구'라는 딱지를 붙인 대상에게 사람들은 거침없이 증오를 쏟아붓는다. 그들도 누군가의 소중한 부모나 아들딸이라는 사실을 염두에 두면 어떨까? 그래도 펄펄 끓는 미움을 담아 상대에게 사정없이 폭력을 행사할 수 있을까? 혐오를 부르는 말이 점점 많아지고 있다. 이 문제를 해결하려면 어떻게 해야 할까? 질병을 치료하려면 진단부터 제대로 해야 하는 법, 누스바움은 혐오가 일어나는 이유부터 찬찬히 설명해준다.

우리는 왜 잠을 잘까?

엄마 배 속은 따뜻하고 편안하다. 먹고사는 문제를 걱정할 필요가 없으며, 외부의 위협도 느끼지 않는다. 그러나 세상에 나오면 상황은 완전히 달라진다. 날마다 해결해야 할 어려움과 위기 상황에 맞닥뜨린다. 삶은 언제나 힘들고 괴롭다. 그래서 우리는 매일매일 잠의 세계로 빠져든다. 잠잘 때만큼은 엄마 배 속과 똑같은 환경을 느낄 수 있기 때문이다. 외부의 위협은 의식에서 사라지고, 정신은 엄마 배 속같이 안온하다. 오스트리아의 심리학자 지크문트 프로이트가 말하는 '우리가 잠을 자는 이유'다.

프로이트의 설명이 '생뚱맞게' 느껴질지 모르겠다. 하지만 그의 설명에는 큰 통찰이 담겨 있다. 세상은 엄마 배 속 같지 않다. 삶은 내 편이 아닌 경우가 대부분이다. 세상은 나를 중심으로 돌아가지 않으며, 숱한 어려움은 언제나 나를 초라하게 만든다. 성장이란 이 모두를 받아들이며 삶을 지혜롭게 가꾸어나가는 과정이다.

반면에 성장을 거부하는 이도 적지 않다. 세상의 중심은 자기여야 하며, 자신은 언제나 완전해야 한다고 여기는 자들이다. 이런 사람들은 현실보다 꿈과 환상에 기대어 살아간다. 마사 누스바움은 '정상증후군 인격normotic personality'을 가진 자들을 예로 든다. 이들은 겉으로 보기에 능력 있으며 모범적인 사람이다. 그러나 속마음은 늘 쫓기고 불안하며 초조하다. 남들보다 부족하고 뒤처진 사람으로 보일까 두려워서다. 이럴수록 그들은 더욱 바람직하고 능력 있는 모습을 보이기 위해 애쓴다. 이들을 과연 행복하다고 할 수 있을까?

누스바움에 따르면, 이들은 성공을 거둘수록 삶이 되레 불안해진다. 언제나 좋은 모습을 보여줘야 한다는 조바심 탓에 마음에 찾아드는 슬픔과 외로움, 두려움 등을 꾹꾹 어누르기 때문이다. 그래서 그들은 누군가에 대한 강렬한 증오와 혐오에 쉽게 빠져들곤 한다.

누스바움은 제1차세계대전 당시 독일의 자유군단Freikorps을 예로

'고향을 지켜라!' 자유군단 모집 포스터는 '강철 같은 독일 군인'의 이미지를 표현하고 있다. 자유군단은 자신들의 우월함을 강조하기 위해 강렬한 증오와 혐오를 거침없이 드러냈다.

든다. 자유군단은 주로 전직 엘리트 장교로 꾸려진 집단이다. 그들은 자신들을 강철과 금속에 견주곤 했다. 자기들은 강철 같은 사나이이며 야비함이나 비겁함과 거리가 먼, 차가운 금속같이 깨끗한 존재라는 식이었다. 그들은 '유대인같이 돈만 밝히는', '계집같이 겁 많은', '집시같이 비루한' 등의 말들을 입에 달고 살다시피 했다. 왜 그랬을까?

인간은 완전할 수 없다. 누구나 마음속에 욕망과 비겁함, 나태함이 꿈틀대기 마련이다. 그래도 자신은 완벽해야 한다는 믿음에 매달리는 이들은 자기 안에 저런 면모가 있다는 사실을 받아들이지 못한다.

자유군단의 장교들은 유대인, 여성, 집시같이 당시 무시당하던 사람들을 비난하며 자신은 '차원이 다른 존재'라는 정신 승리(?)를 얻고 싶어 했다. 우리 사회에 떠도는 숱한 혐오는 이런 모습과 얼마나 다를까? 강렬한 경멸과 혐오 뒤에는 자기 안의 추악한 모습이 드러날지 모른다는 두려움이 자리 잡고 있다. 그렇다면 혐오에서 벗어나기 위해서는 어떻게 해야 할까?

옥수수 줄기는 칼에 맞서는 무기다

"모든 사람은 벌거벗고 가난하게 태어나며, 삶의 비참함, 슬픔, 병듦, 곤란과 모든 종류의 고통을 겪게 마련이며, 종국에는 모두 죽게 된다. (중략) 인간을 사회적으로 만드는 것은 바로 이러한 인간의 연약함이며, 우리 마음을 인간애로 이끌고 가는 것은 우리들이 공유하는 비참함이다. (중략) 나는 아무것도 필요로 하지 않는 사람이 무엇을 사랑할 수 있으리라고 생각하지 않으며, 어떤 것도 사랑하지 않는 사람이 행복할 수 있다고 생각하지 않는다."

프랑스의 철학자 장 자크 루소Jean Jacques Rouseau의 말이다. 마사 누스바움은 자신의 책《혐오와 수치심》(2004)에서 이 구절을 공들여 소개한다. 자신이 완벽해야 한다는 조바심은 마음을 지옥으로 만든다. 자기보다 못한 이들에게는 무시하고픈 마음이, 자신보다 뛰어난 이들에게는 질투와 시기심이 찾아드는 탓이다. 하지만 인간은 완벽할 수 없다. 이를 인정하고 나면 세상은 다르게 보일 테다. 반드시 이뤄야 하는 목표에 매달릴 때는 자신과 세상을 일일이 평가하며 스스로를 닦달하게 된다. 반면에 세상 모든 사람이 나만큼 약하고 부족하다는 사실을 깨달으면 마음은 어느덧 공감과 위로로 채워질 것이다.

누스바움은 독일의 철학자 요한 고트프리트 헤르더Johann Gottfried Herder가 소개하는 북아메리카 원주민 이로쿼이족의 관습을 예로 들어 설명한다. 헤르더에 따르면, 이 부족은 여성 중심으로 돌아간다. 남자들끼리 전쟁을 벌이려 하면 여성들이 나서서 이렇게 말린다고 한다.

"남자들이여, 결투를 벌이며 장황하게 싸우다니 무슨 짓인가? 전쟁을 그만두지 않으면 아내와 자녀들이 죽을 수도 있다는 사실을 명심하라. 정녕 그대들은 서로 싸우다 죽고 싶은 것인가?"

이 원주민들은 남성에게 치마를 입히고 여성의 보석으로 몸을 장식하게 했다. 헤르더에 따르면, 이는 부족의 모든 사람에게 '평화의 기질'을 심어주는 일이다. 무기를 들고 잘잘못을 따지며 복수와 보복으로 문제를 해결해서는 안 된다. 이는 더 큰 폭력을 낳을 뿐이다. 진정한 문제 해결은 이해와 공감, 배려와 사랑 속에서 시작된다. 헤르더는 이렇게 잘라 말한다. "인디언 여성의 손에 들려 있는 옥수수 줄기는 칼에 맞서는 무기와 같다." 인간은 누구나 부족하고 약하기에, 서로 공감하며 이해하는 마음으로 사회 갈등을 풀어나가라는 의미다.

공감과 사랑의 정치적 감정을 키워야 한다

인격은 상처와 실패를 겪으며 무르익는다. 시기와 질투, 탐욕, 절망과 슬픔 등은 삶에서 지극히 정상적으로 나타나는 감정들이다. 이 모두를 겪지 않으려 고개를 흔드는 행위와 자신만은 완전해야 한다는 믿음은 세상을 되레 혼란에 빠뜨릴 뿐이다. 이런 신념이 사회에 해를 끼치는 이들은 폭력으로 '응징'해야 하며, 덜떨어진 이들은 무시당해도 싸다는 그릇된 믿음을 낳는다. 그래서 마사 누스바움은 정의로운 사회를 이루려면 공감과 사랑에 뿌리를 둔 '정치적 감정political emotions'을 키워야 한다고 강조한다.

혐오의 언어가 넘쳐나는 요즘이다. 그러나 인류 사회에서 오랫동안 널리 인정받는 신앙과 믿음 가운데, 분노와 복수를 앞세우는 경우는 거의 없다. 대다수 종교와 윤리는 언제나 '사랑'과 '이해'가 갈등의 해결 방법이어야 한다고 외친다. 누군가에게 혐오의 말을 내뱉고 싶다면, 혹시 비난하고 싶은 부끄러운 그 모습이 내 안에 있진 않은지 먼저 점검해볼 일이다.

어울림의 지혜

누스바움은 《정치적 감정》(2013)에서 '감성 교육'을 강조한다. 애국심을 키우기 위해 국립묘지를 견학하게 하고, 예술작품을 통해 공감과 정의에 대한 감각을 기르게 하는 식이다. 누스바움에 따르면 감정에도 판단 능력이 담겨 있다. 옳지 못한 것에 대해서는 '느낌적 느낌(?)'으로 정의롭지 못하다는 불편함이 꿈틀거린다는 뜻이다. 이렇게 되기 위해서는 감정도 이성만큼이나 연습하며 가다듬어야 한다. 그렇다면 당신은 감정을 올곧게 가다듬기 위해 어떤 노력을 하고 있는가?

타인의 고통에
눈감지 않으려면

에마뉘엘 레비나스

왜 지하철에서 눈을 감을까?

붐비는 지하철 안, 가까스로 자리를 잡고 앉았다. 몸은 지치고 피곤하다. 갈 길도 꽤 많이 남은 상태다. 그런데 몸이 불편해 보이는 사람이 하필 내가 앉은 자리 앞에 선다면 어떨까? 이럴 때 적지 않은 이들이 눈을 감아버릴 것이다. 아니면 스마트폰에 코를 박고 무엇엔가 빠져 있는 척할 테다. 앞에 선 사람을 마주 보며 앉아서 가기엔 마음이 편치 않은 탓이다.

비슷한 광경은 우리 일상 곳곳에서 펼쳐진다. 일회용품은 값싸고 편리하다. 하지만 그것이 이루는 엄청난 쓰레기 산과 그로 인해 망가진 환경을 매일 맞대고 산다고 생각해보라. 그런데도 물건을 한 번

쓰고 가볍게 버리는 편리함을 누리려고 할까? 싸고 맛있는 치킨을 먹을 때, 평생을 A4용지 한 장 정도의 크기밖에 안 되는 공간에 갇혀 살다가 고기가 되기 위해 죽임당하는 닭이 나를 쳐다보고 있다고 상상해보자. 과연 맛나게 닭 다리를 뜯을 수 있을까? 세상 이곳저곳에 고통과 슬픔이 널려 있다. 그런데도 우리는 언제나 눈을 감아버리곤 한다. 오직 자신이 누리는 즐거움만을 바라보려 할 뿐이다.

에마뉘엘 레비나스Emmanuel Levinas는 '타자의 얼굴'을 바라보라고 외친 철학자다. 그는 낯선 이의 얼굴에 맺힌 아픔을 똑똑히 보라고 말한다. 세상의 많은 문제는 사람들이 타인의 고통엔 눈을 딱 감고 자기 잇속만 차릴 때 생기기 때문이다.

자기 존재에 못 박혀 있는 인간

제1차세계대전이 일어나기 전, 인류는 미래를 장밋빛으로 그렸다. 과학기술은 날로 발전하고 합리적인 생각이 문명 곳곳에 뿌리내리고 있었다. 성장해가는 산업은 가난을 몰아낼 터였고, 사회에 법과 질서가 자리 잡으며 온갖 폭력이 수그러질 것만 같았다. 하지만 정작 20세기는 최악의 전쟁과 대량 학살로 점철됐다. 왜 그랬을까?

에마뉘엘 레비나스는 그 이유를 '사람들이 물질적 욕구에서 벗어나지 못했다'는 데서 찾는다. 그에 따르면 인간은 향유享有, jouissance하는 존재다. 먹고 마시고 자는 즐거움을 오롯이 누리는 존재라는 의미다. 이런 즐거움은 다른 누군가가 나 대신 누려줄 수 없다. 다른 사

노숙자가 눕는 것을 막기 위해, 가운데에 팔걸이가 있는 벤치를 공원에 놓았다. 타인의 고통에 눈 감는 우리의 모습이다.

람이 나의 먹거리를 먼저 먹고, 내가 차지하려 한 잠자리에서 잔다면 어떨까? 나는 내 즐거움을 누리지 못하게 될 것이다. 그래서 우리는 다른 이들과 끊임없이 경쟁한다. 물질적 욕구를 채우려 할 때, 타인 은 밀쳐내고 눌러버려야 할 적일 뿐이다.

한편 세상에서 살아남으려면 혼자 지내는 것보다 무리를 짓는 편 이 훨씬 유리하다. 인류는 크게 사회와 국가로 무리를 짓는다. 무리 사이에 벌어지는 싸움은 개인 간의 다툼보다 훨씬 잔인해지곤 한다. 같은 무리의 사람들이 힘을 합쳐, 경쟁하는 무리에 속한 사람들을 눌 러버리려 하는 까닭이다. 그래야 우리 편이 더 안전해지며 더 큰 즐 거움을 누릴 수 있게 되지 않겠는가?

이런 상황에선 과학과 합리적인 생각이 다툼을 되레 더 폭력적으로 이끌기도 한다. 경쟁자 무리를 보다 효과적으로 쫓아버리고 없앨 방법을 일러주기 때문이다. 과학기술이 얼마나 무시무시한 무기를 만들어냈는지, 체계적·효율적 행정제도가 제2차세계대전 때 유대인을 죽이는 데 얼마나 큰 역할을 했는지를 살펴보라.

레비나스에 따르면, 향유하는 존재로서의 인간은 살기 위해 다른 존재를 죽이는 짐승과 다를 바 없다. 관심이 온통 '자신의 존재에 못 박혀 있기에', 자기 생존에 도움되지 않는다면 다른 사람을 배려하거나 보살필 엄두를 내지 못한다. 이런 처지에 발달하는 과학기술과 합리적 사고는 더 큰 증오와 폭력을 낳을 뿐이다. 인류가 겪은 20세기의 모습은 레비나스가 말한 바 그대로였다.

형이상학적 욕망

그래서 에마뉘엘 레비나스는 줄기차게 '타자의 얼굴'을 바라보라고 외친다. 여기서 다른 사람의 얼굴이란, 곁에 있는 이의 얼굴만을 뜻하지 않는다. 《성경》 속 비유를 빌리자면 '어려움에 빠진 고아와 과부, 약하고 병든 자들을 바라보라'는 의미다. 타자의 얼굴은 늘 우리에게 명령처럼 다가온다. '나만 이렇게 잘 먹고 잘살아도 될까?'라는 죄책감을 피할 길 없는 까닭이다. 타자의 얼굴을 통해 다른 사람을 도와야 한다는 양심의 목소리가 마음에서 계속 피어날 테다. 타인의 호소를 한순간 외면할 수는 있어도, 이를 알게 된 이상 완전히 뿌리칠 순 없다. 마치 인간이 죽음에서 벗어날 수 없는 것과 같은 이치다.

이러한 양심의 소리를 따를 때, 우리는 비로소 사람다운 사람으로 거듭난다. 레비나스는 이를 물질적 욕망에서 벗어나 '형이상학적 욕망'을 따르는 상태라 설명한다. 형이상학은 우리가 대답할 수 없는 물음을 탐구하곤 한다. '우리 삶에 무슨 의미가 있을까?', '신神은 과연 존재하는가?', '죽음의 다음 단계가 있을까?' 등의 질문에 인간으로서 답을 내리긴 어렵다. 그런데도 이런 의문은 삶의 순간순간 끊임없이 피어오른다.

양심도, 형이상학적 욕망도 마찬가지다. 나의 생존에 도움이 되지 않아도 '사람이라면 응당 그렇게 해야 한다'는 의무감이 솟아오르는 때가 얼마나 많던가? 작게는 지하철에서 몸이 불편해 보이는 이에게 자리를 양보하지 않을 때 느끼는 가책에서부터, 크게는 다른 이를 위해 기꺼이 목숨을 바치는 상황에 이르기까지 우리 삶 곳곳엔 생존 본능을 뛰어넘는 인간적 욕망désir이 가득하다.

레비나스는 '인간의 자유란 이러한 의무감과 책임에 기꺼이 따를 때 의미가 있다'고 잘라 말한다. 피곤하지만 몸이 불편해 보이는 사람에게 자리를 양보했을 때 찾아오는 마음의 편안함을 생각해보라. 도와줘야 마땅한 상황임에도 외면했을 때의 죄책감과 불편함은 또 어떤가? 애써 고개 돌린 뒤에 찾아오는 '사람답지 못했다'라는 후회가 어쩌면 평생 나를 괴롭힐지도 모른다.

형이상학적 욕망이 어디서 비롯되는지 증명할 길은 없어도, 그 마음은 물질적 욕망을 뛰어넘어 인간이 인간다운 삶을 살게 하는 바람으로 기능한다. 타자의 얼굴에 피어오르는 고통을 직면한다면 우리는 형이상학적 욕망이 이끄는 대로 살아가게 된다.

타자는 신의 흔적이다

나아가 에마뉘엘 레비나스는 타자를 나와 똑같이 여겨선 안 된다고 충고한다. 오히려 타자를 나보다 더 소중하고 가치 있게 여겨야 한다고, 그래야 제대로 된 삶을 살 수 있다고 말한다. 레비나스에 따르면 타자는 신의 흔적trace이다. 세상을 만든 신은 지금 이 자리에 없다. 하지만 눈앞에 있는 타자는 존재 자체로 신이 있음을 드러낸다. 그는 나와 마찬가지로 신이 만들어낸 소중한 존재이기 때문이다.

우리는 왜 어려움에 빠진 사람을 보면 돕고 싶어질까? 신이 지닌 고귀한 성품을 타자가 내 안에 불러일으키는 덕분이다. '신은 자비롭다'라는 말은 사실 '신처럼 너도 자비로워라'라는 말과 다르지 않다. 곤란에 처한 타자를 맞아들이고 환대hospitalité할 때 인간은 신이 지닌 좋은 성품처럼 완전하고 오롯한 상태로 거듭난다.

또한 내가 아닌 타인을 중심에 두고 살 때 나는 죽음의 두려움에서도 벗어난다. 인간은 죽을 수밖에 없는 유한한 존재다. 반면에 세상은 훨씬 크고 무한하며, 세상 속 생명은 계속 이어진다. 더 좋은 것을 더 많이 누리려고 아득바득하는 삶은, 그렇기에 늘 불안하고 초조하다. 아무리 노력해도 결국 자기가 가진 모든 것은 사라지고, 자신 또한 죽을 수밖에 없는 운명인 탓이다. 하지만 나를 벗어나 타자, 나아가 인류 전체를 위해 애쓰는 삶은 다르다. 무한하고 영원한 생명을

레비나스는 타자를 '신의 흔적'이라고 말한다. 곤란
에 처한 타자를 맞아들이고 환대할 때, 인간은 신이
지닌 좋은 성품처럼 완전하고 오롯한 상태로 거듭
난다. 프랑스 화가 귀스타브 도레의 〈순례자를 환
대하는 이민족〉.

좇으며 살기에, 삶에 늘 의미와 보람이 가득할 테다.

레비나스의 주장은 상식선에서 이해하기에도 무리가 없다. 나만을 위해 애쓸 때보다 누군가를 위해 노력하고 헌신할 때 더 행복하고 뿌듯한 경우가 얼마나 많던가? 부모는 자식을 위해 온갖 어려움을 무릅쓴다. 인류 역사는 고결한 목적을 위해 헌신한 사람들의 이야기로 가득하다. 인간이 물질적 욕망만을 좇는다면 인류사는 짐승들의 생존 투쟁기와 다를 바 없었을 테다. 그렇지만 인간에겐 이를 뛰어넘는 그 무엇이 있다. 레비나스는 그것이 무엇인지를 '타자의 얼굴'을 통해 보여주었다.

야만의 시대에 태어난 구원의 철학

에마뉘엘 레비나스의 철학에는 20세기 유럽의 비극이 고스란히 묻어 있다. 20세기는 인간이 합리적 정신을 꽃피운 시기이자, 인종 학살을 일삼은 나치스 같은 야만적 권력이 판친 시대다. 레비나스에겐 흔히 '네 문화의 철학자'라는 말이 따라붙는다. 제정러시아(오늘날 리투아니아 지역)에서 태어났지만, 그는 히브리어로 《성경》을 읽으며 자란 유대인이다. 유대인 혐오가 널리 퍼져 있던 시대, 레비나스의 가족은 차별을 피해 프랑스로 넘어가야 했다. 독일에서 대학을 다니기까지 했지만, 제2차세계대전이 일어나자 그는 프랑스군에 입대했다. 이내 포로가 된 그는 수용소에서 온갖 고통에 시달렸고 형제를 모두 홀로코스트로 잃었다.

레비나스는 20세기의 야만을 몸으로 겪었다. 우리가 사는 21세기는 그가 겪은 야만의 시대와 얼마나 다를까? 레비나스는 '타자의 얼굴이 철학의 시작'이라 말한다. 우리는 과연 그때와 달리 타자의 고통을 제대로 바라보고 있을까? 다른 이의 아픔을 기꺼이 책임지려고 나설까?

온갖 증오와 혐오가 판치는 요즘이다. 여기엔 살기 힘들고 경쟁이 치열한 현실 탓도 있겠다. 상대를 밀쳐내야만 내 몫을 차지하는 상황에 나보다 타인을 먼저 챙기기란 쉽지 않다. 그러나 다른 이들을 거꾸러뜨리고 최고가 되면, 자기 삶이 과연 더 살기 좋고 행복해질지를 고민해봐야 한다. 짐승의 세상에서는 진정한 안정도, 편안함도, 행복도 없다. 순간의 기쁨이 있을지라도 불안과 초조가 삶을 지배한다. 내가 타인에게 그랬듯, 내 힘이 약해지면 다른 누군가도 나를 나락으로 밀쳐버릴 것이기 때문이다.

인간은 타자와 함께 어울리며 배려하고 살 때, 비로소 인간적인 삶을 살게 된다. '타자의 얼굴을 헤아리며, 물질적 욕구를 내려놓고 형이상학적 욕망을 좇아야 한다'는 레비나스의 말이 구원의 메시지로 다가오는 이유는 여기에 있다.

어울림의 지혜

아리스토텔레스에 따르면, "우리는 정의로운 일을 함으로써 정의로운 사람이 되고, 절제 있게 행동함으로써 절제 있는 사람이 된다". 레비나스는 '타자의 고통'에 눈감지 말라고 충고한다. 그렇다면 당신은 얼마나 자주 세상의 약하고 아픈 이들의 소식을 들으며, 관심을 기울이고 있는가? 그들을 돕기 위해 얼마나 적극적으로 행동하려 나서는가? 이렇게 끊임없이 물으며 당신 안의 생존을 넘어서는 형이상학적 욕망을 틔워야 한다. 이럴 때 삶과 세상은 좀 더 인간적으로 바뀌어간다.

협력하는 교육은
왜 필요한가

레프 비고츠키

왜 학창 시절은 상처로 남을까?

'세상은 정글과 같다. 살아남으려면 강해져야 한다. 치열하게 공부해서 남을 이겨야 하며, 좋은 학벌을 얻어 남보다 유리한 위치에 서야 한다.' 치열하게 입시 경쟁을 치르는 이들의 마음에 새겨진 믿음이다. 하지만 명문대에 들어가려고 아무리 노력해도, 결국 몇몇 소수만 자기가 원한 결과를 얻는다. 입학 정원이 한정된 탓이다. 입시 위주의 교육은 대다수 학생의 마음에 그늘을 남긴다.

　승자가 된 친구들은 어떨까? 이들이 누리는 기쁨 역시 합격증을 손에 받아 든 그때뿐이다. 또다시 순위와 자격을 건 경쟁에 뛰어들어야 하기 때문이다. 게다가 점수와 순위를 얻으려고 획득한 지식은 살면서 별 필요가 없다. 평범한 일상을 꾸리는 이들에게 미적분이 얼마나 필요하겠는가? 또 영문법이 절실한 순간이 얼마나 되겠는가? 대다수는 왜 필요한지도 모르는 지식을 익히며 일부 전문직 종사자의 들러리를 서는 꼴이다. 이런 현실이 과연 바람직할까?

우리 사회에서 경쟁 위주의 입시 교육을 비판하는 목소리는 언제나 높았다. 그렇다면 학교는, 교육은 어떻게 바뀌어야 할까? 옛 소련의 심리학자 레프 비고츠키Lev Vygotsky의 철학은 이 물음에 커다란 울림을 준다. 비고츠키의 생각은 우리 공교육계에서 2010년경부터 불붙기 시작한 '혁신 학교' 운동의 이론적 기반이 됐다. 그는 배움의 밑바탕에 언제나 '협력'이 깔려 있어야 한다고 강조한다.

영원한 아이와 순간순간을 사는 아이

레프 비고츠키에 따르면 자아(나)가 생겨나는 과정은, 수많은 선線을 긋다 보면 그리려는 형체가 서서히 드러나는 '데생'과 같다. 즉 자아는 수많은 경험을 하는 가운데 조금씩 자리 잡는다는 뜻이다.

하지만 서구의 심리학자들은 대부분 그렇게 생각하지 않았다. 비고츠키에 따르면, 그들은 시간이 흘러도 계속 동일한 '나'로 남는 '영원한 아이eternal child'가 사람의 마음속에 자리 잡고 있다고 여겼다. '학습이란 영원한 아이가 마땅히 배워야 할 것들을 마음에 쌓는 과정이다. 그리고 학습할 때 다른 이들과의 협력이 꼭 필요하진 않다. 오히려 남들을 밀쳐낸 채 더 고급한 지식과 기술을 더 많이 얻게 될수록

비고츠키는 배움의 밑바탕에 '협력'이 깔려 있어야 한다고 강조했다.

교육의 효과가 높다'고 할 수 있겠다.

반면에 비고츠키가 말하는 '순간순간을 사는 아이transitory child'에게는 다른 이와의 협력이 꼭 필요하다. 비고츠키에 의하면, 인간의 정신은 그 자체로 있을 수 없고 도구를 사용할 때만 드러난다. 비고츠키가 우리의 마음을 '매개된 정신mediated mind'이라고 부르는 이유다.

예를 들어 나무를 베는 도끼 같은 도구를 떠올리지 않은 채로 '나무꾼'을 설명할 수 있을까? 또 자동차를 빼놓은 채로 '운전자'가 무엇인지 이야기하기는 어렵다. 인간의 삶은 도구로 가득 차 있다. 사는 집, 입는 옷, 앉는 의자와 읽는 책 등등 우리 주변의 모든 것이 도구가 아니던가? 일상 곳곳에서 사용하는 도구를 뺀다면 인간을 설명하기란 불가능하다.

우리는 다른 사람을 통해 자신이 된다

그렇다면 가장 중요한 도구는 무엇일까? 레프 비고츠키는 '언어'라고 말한다. 말을 통해 우리는 비로소 '시각장場의 노예' 상태에서 벗어 난다. 보거나 느낀 대로 반응하지 않고, 불끈거리는 감정을 생각으로 다스리며 지혜롭게 행동한다는 뜻이다.

그런데 말은 다른 이들과 함께 있을 때만 의미가 있다. 말은 서로 의 생각과 감정을 나누는 과정에서 필요하기 때문이다. 비고츠키에 따르면, 다른 이들과 주고받는 말이 마음속으로 자리 잡은 것이 바로 정신이다.

비고츠키는 어린이들이 말을 배울 때 하는 '내적 언어inner speech'를 예로 든다. 혼자서 웅얼거릴지라도 아이는 상대가 알아들을 수 있는 낱말을 쓰며 문법을 따르려고 한다. 왜 그럴까? 다른 이와 대화를 나 누는 방식이 그대로 마음에 새겨져 똑같이 적용되기 때문이다. 지구 상의 모든 사람이 죽고 나 혼자만 살아남았다고 해보자. 나는 때때로 혼잣말을 하게 될지도 모른다. 이때 내 말을 들을 상대가 있을 리 없 다. 그런데도 내가 중얼거리는 소리는 사람들과 나누던 낱말과 어법 을 여전히 따를 테다.

비고츠키는 '우리는 다른 사람을 통해 자신이 된다'고 강조한다. 우리의 생각과 정신은 태어날 때부터 있는 것이 아니다. 다른 이들과 관계를 거듭하며 비로소 생겨나는 것이다. 비고츠키는 논리적으로 기억하고, 의식적으로 주의를 기울이며, 상상하고 추상화하는 인간의 능력을 '고등 정신 기능higher mental function'이라 부른다. 이 능력 역시 저절로 생겨나지 않으며, 다른 사람과 의견과 생각을 꾸준히 나누는 가운데 우리 안에 자리 잡는다. 따라서 배움이 일어나기 위해서는 반드시 다른 이들과의 관계와 '협력'이 먼저 있어야 한다. 비고츠키가 '인간의 정신적 본성은 사회적 관계의 총체'라고 말한 까닭이다.

지식 이상의 배움, 근접 발달 영역

나아가 레프 비고츠키는 학습이 어떻게 일어나는지를 세심하게 설명한다. 이미 알고 익힌 것을 통해서는 배움이 일어나지 않는다. 또한 익혀야 할 내용을 감당할 만큼 아이의 몸과 뇌가 충분히 자라지 못해도 배움은 이루어지지 않는다.

학습에는 두 가지가 있다. 첫 번째는 아이가 스스로 배우고 깨우치는 것이다. 두 번째는 친구들과 함께하거나 누군가가 도와주어서, 혼자 배울 때보다 더 많이 깨닫고 익히는 것이다. 이 둘 사이에 '근접 발달 영역zone of proximal development, ZPD'이 있다. 《생각과 말》(1934)에 나오는 비고츠키의 말을 직접 들어보자.

"혼자서 해결할 수 있는 문제를 통해 결정되는 정신연령 혹은 현재 발달 수준과 어린이가 혼자가 아닌 협력을 통해 언는 발달 수준이 차이가 근접 발달 영역을 결정한다."

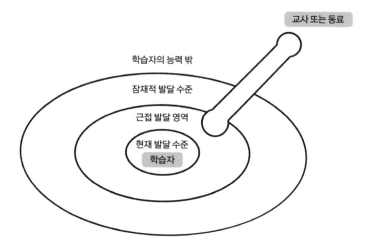

교육은 학생들이 감당할 수 있는 수준으로 혼자서 익힐 수 있는 내용 이상을 가르칠 때 가치가 있다. 비고츠키가 주창한 '근접 발달 영역' 이론의 핵심이다.

비고츠키는 근접 발달 영역을 통해 교육이 담당해야 할 부분이 어디인지를 분명하게 보여준다. 학생들이 혼자서도 배울 수 있는 내용 이상을 알려주지 못한다면, 과연 학교교육이 의미가 있을까? 몸과 마음이 감당하지 못할 수준의 내용을 윽박지르며 아이 머릿속에 집어넣으려는 교육이 제대로 된 것일까? 답은 분명하다. 교육은 학생들이 감당할 수 있는 수준으로, 혼자서 익힐 수 있는 내용 이상을 가르칠 때만 가치가 있다.

근접 발달 영역은 우리나라 교육계에도 잘 알려진 이론이다. 학교 현장에서 진행되는 수준별 수업, 개별지도 등에 비고츠키의 생각이 잘 녹아 있다. 하지만 비고츠키가 바랐던 것은 그 이상임을 놓쳐서는 안 된다.

근접 발달 영역을 활용한 교육은 교사가 아는 지식을 학생들에게 가르쳐주는 수준에 그치지 않는다. 학생들은 학교에서 지식만을 배우진 않는다. 가령 관계 맺기 기술이 뛰어난 친구를 사귀게 된 경우, 덕분에 나는 사람들과 관계를 맺는 능력이 크게 자라날 것이다. 책상을 정리하거나 교실을 청소하는 일 등 학교의 소소한 일상에도 근접 발달 영역이 자리 잡고 있다. 아이는 자신보다 나은 이들이 어떻게 하는지를 보며 혼자일 때보다 더 잘하게 된다.

한국형 인재는 왜 큰사람이 되기 어려울까?

이쯤 되면 우리의 혁신 교육을 둘러싼 논란이 이해될 듯싶다. 혁신 교육은 경쟁보다 협력을, 각자도생보다 상생을 앞세운다. 레프 비고츠키의 사상이 그 바탕에 깔려 있음이 오롯하게 느껴지는 대목이다. 하지만 이를 달갑잖게 여기는 사람도 적지 않다. 학생들의 학력이 떨어진다는 이유에서다. 과연 그럴까?

'성적 상승'이라는 목표에 맞추어 근접 발달 영역을 설계한다고 해보자. 여기에는 여러 도구가 필요하다. 학생의 현재 수준을 가늠하기 위해 평균·표준편차 등의 수학적 도구가 동원될 테다. 나아가 문제를 내고 채점을 하기 위한 여러 장치가 따라붙는다. 이런 요란한 과정을 통해 '점수와 석차로 매겨진 학력'은 어느덧 의심하기 힘든 실체로 자리 잡는다. 높은 점수를 받은 학생은 능력이 뛰어나고, 석차가 처지는 학생은 능력이 떨어진다는 식으로 바라보게 된다는 뜻이다.

1900년대 초 프랑스 사람들이 상상한 21세기의 학교. 책을 갈아 넣으면 자동으로 머릿속에 저장되는 혁신적인 세상을 그린 것이지만, 고정된 지식을 주입하는 섬뜩함이 느껴진다.

하지만 비고츠키라면 학생들의 능력을 그런 식으로 가늠하지 않을 듯싶다. '정해진 시간 안에 수학 문제를 풀게 할 때'와 '가능한 한 자유롭게 수학 문제의 답을 내라고 할 때'의 결과는 같을까, 다를까? '과학 지식을 무조건 외우게 할 때'와 '배운 물리학 지식을 써서 공의 움직임을 예상하는 과제를 낼 때', 아이들의 성적은 같게 나올까? 대부분은 그렇지 않을 것이다. 어느 단계에 이르면 배우는 속도의 차이는 의미가 없다. 예컨대 구굿셈을 남보다 빨리 익혀야 한다고 조바심을 낼 까닭은 없다. 몇 학년 때 구굿셈에 익숙해졌는지가 중요해지는 순간은 사회생활을 하면서 거의 없기 때문이다. 그런데도 경쟁 교육은 특정 시기의 학생들에게 남보다 더 빨리, 더 많이 지식을 익히도록 강요한다.

이런 조바심과 강요 속에서 이루어지는 배움이 과연 제대로 된 것일까? 문제 풀이 기술만 늘 뿐, 삶에 진짜 필요한 능력이 향상되는지 고민해보라. 그리고 더 높은 점수, 더 나은 순위를 얻게 하는 데 초점이 맞추어진 한국형(?) 인재들과 자유로운 학교생활을 하는 외국 학생들을 견주어보라.

이제 '입시 교육이 제대로 된 인재를 기르지 못한다'는 주장에 고개를 끄덕이는 사람들이 점점 늘어나는 이유가 분명해 보인다. '배움의 본질은 다른 이와의 관계에 있으며, 경쟁보다 학생 한 명 한 명의 성장에 초점을 맞추어야 한다'는 비고츠키의 주장 역시 설득력 있게 다가온다.

경쟁이 아닌 발달의 측면에서 바라보라

'학급당 학생 수 감축', '교사별 평가 도입', '상대평가 폐지', '교육과정의 양과 난이도 조정' 등은 혁신 교육에서 주요하게 시도하는 노력이다. 혁신 교육은 학생들이 다양한 경험을 하도록 이끌고, 폭넓게 관계를 맺도록 하고자 애쓴다.

하지만 여기에 불만을 품은 사람도 적지 않다. 여전히 '점수로 나타나는 성적'을 중요시하기 때문이다. 그러나 학생들이 배워야 할 지식의 상당수는 미래 사회엔 쓸모없어질지 모른다. 게다가 빠르게 발전하는 과학기술은 앞으로 어떤 지식이 필요할지조차 가늠하기 어렵게 하고 있다. 이런 현실에서 지식을 얼마나 빠르고 정확하게 익혔는지를 놓고 학생들의 능력을 가늠하려는 모습은 바람직할까?

레프 비고츠키는 교육에 있어 '성장'과 '발달'의 중요성을 깨닫게 한 사상가다. 그러나 우리 현실에서 경쟁에 매달리게 하는 점수와 순위의 위력은 여전하다. 왜 경쟁보다 '협력'을, 각자도생보다 '상생'을 강조하는 목소리가 점점 더 높아지는지 생각해볼 일이다.

어울림의 지혜

로고스logos, 파토스pathos, 에토스ethos, 즉 지식과 정서, 품성은 인성을 이루는 세 축이다. 비고츠키의 이론은 지적인 측면을 기르는 데서만 그치지 않는다. 정서와 품성을 키우는 데도 비고츠키는 큰 울림을 준다. 그의 근접 발달 영역에 따르면, 능력은 자기 혼자 노력할 때보다 자신보다 뛰어난 이와 함께할 때 한껏 크게 자라난다. 그렇다면 혐오와 따돌림 등에 대한 해법으로, 감성과 도덕성을 기르기 위해 우리는 어떤 교육적 장치를 마련해야 할까?

옳음보다 좋음이
중요하다

알래스데어 매킨타이어

문제가 많은 자유주의

"빵을 사는 사람은 그 빵의 재료인 밀을 키운 사람이 공산주의자인지 공화주의자인지, 혹은 흑인인지 백인인지 알지 못한다." 미국의 경제학자 밀턴 프리드먼Milton Friedman의 말이다. 자본주의 사회에 사는 우리에게 이 말은 상식에 가깝다. 빵을 사면서 가격과 성분표를 꼼꼼히 살피는 경우는 많다. 그러나 빵이나 그 재료를 만든 사람의 정치 성향이 무엇인지, 삶의 처지가 어떤지 궁금해하는 경우는 드물다. 대부분의 사회생활은 이 정도에 그친다. 딱 필요한 만큼만 알고, 그만큼만 상대에게 다가간다는 뜻이다.

한편 필요한 것 이상으로 더 알려고 하면 문제가 되기도 한다. 취

업하기 위해 면접을 보는 상황을 예로 들어보자. 면접관은 직장에서 원하는 능력과 경력을 갖추었는지를 알아내기 위해 질문할 것이다. 그런데 가정 형편은 어떤지, 사귀는 사람은 있는지 등을 물어본다면 어떨까? 이를 인권침해로 받아들일 사람도 적지 않을 듯싶다.

법을 다룰 때는 더더욱 그 선을 지켜야 한다. 법은 문제가 된 '행위'만 다루어야 옳다. 범죄를 저지른 사람이 부유한지 가난한지, 남자인지 여자인지, 외국인인지 내국인인지, 배움이 많은지 적은지 등을 생각하면 안 된다. 오직 법을 어긴 행동을 했는지, 이에 해당하는 처벌은 무엇이고 어느 정도의 벌이 합당한지만 따져야 한다. 처지와 형편에 따라 다르게 벌을 주면 특혜나 차별이 되기 때문이다.

'사회가 정해놓은 법과 절차를 어기지 않는다면 모든 행동은 자유다.' 이는 민주주의에 뿌리내린 기본적인 믿음이다. 자유주의자들은 그것을 '절차적 옳음procedural rightness'이라 부른다. 마땅한 절차를 따랐고 법규를 어기지 않았다면 국가나 사회가 사람들의 행동에 간섭해선 안 된다는 뜻이다. 그 또한 우리에게는 상식처럼 다가온다.

하지만 몇몇 윤리학자는 자유주의자들의 이런 믿음에 고개를 젓는다. 오늘날 경제는 나날이 발전하며 법과 질서는 튼튼하게 자리 잡았고 인권도 중요하게 다루어진다. 그런데도 사회의 장래는 그리 밝아 보이지 않는다. 시민들은 자기 이익만 생각하며 모래알처럼 흩어져가고, 눈앞의 즐거움에 매달릴 뿐 사회문제에 그다지 관심이 없다. 공공의 이익보다 개인의 권리를 앞세우는 모습을 갈수록 당연하게 여긴다. 무엇보다 사람들은 저마다 외롭다고 느끼면서도 서로를 향한 경계를 늦추지 않으려 한다. 왜일까?

마이클 샌델Michael Sandel, 마이클 왈저Michael Walzer, 찰스 테일러Charles Taylor, 알래스데어 매킨타이어Alasdair Macintyre 같은 윤리학자들은 이런 현상이 개인의 자유와 권리만 앞세우는 자유주의 때문이라며 한목소리를 낸다. 그들에 따르면, 제대로 된 삶을 영위하기 위해서는 개인만큼이나 공동체가 중요하다. 이런 생각을 '공동체주의communitarianism'라고 부른다. 공동체주의자들이 주장하려는 바는 과연 무엇일까?

왜 저항과 폭로에도 세상은 바뀌지 않을까?

알래스데어 매킨타이어가 1981년에 내놓은《덕의 상실》에는 공동체주의자들의 주장이 오롯이 담겨 있다. 자유주의가 지배하는 세상은 언제나 시끄럽다. 누구나 자신의 권리를 앞세우는 탓이다. 시민들은 온갖 부당한 일에 끊임없이 저항하며 상대의 올곧지 못한 행동을 끝없이 폭로한다. 하지만 이 모두가 사회를 더 나은 방향으로 이끌진 않는 듯싶다. 그저 시끄러운 소란으로 그치는 경우가 적지 않다. 왜 그럴까?

힌두교도는 쇠고기를 먹지 않는다. 반면에 이슬람교도는 돼지고기를 안 먹는다. 이 둘 중 누가 옳을까? 여기에는 정답이 없다. 양쪽 다 미땅히 그래야 하는 종교적 이유가 있는 까닭이다. 자유주의가 지배하는 사회에서 벌어지는 논쟁도 이런 식이다. 누구나 자유와 정의, 진리를 외친다. 하지만 사람들은 그런 가치들의 의미를 제각각 다르게 받아들인다. 그래서 논쟁은 끝없이 이어진다. 자기 나름대로 치밀한 논리와 그럴듯한 근거를 가져다대지만, 상대방도 만만치 않은 논증을 펼칠 터다.

매킨타이어는 논란이 되지만 결론은 없는 주장들을 사례로 든다. 낙태를 허용해야 한다는 주장과 그러면 안 된다는 주장 가운데 누구 말이 맞을까? 모두가 공평하도록 공공 의료를 펼쳐야 한다는 생각과 각자 적합한 진료를 고를 수 있도록 영리 병원을 세워야 한다는 주장은? 수없이 많은 논란이 벌어지지만 좀처럼 합의는 이루어지지 않는다. 갈등만 심해질 뿐이다.

자유주의가 세상을 갈등과 다툼 속으로 몰아넣는 원인을 매킨타이어는 '정서주의emotivism'에서 찾는다. 정서주의는 '모든 도덕적 판단을 단지 개인의 선호와 감정 및 태도의 표현으로만 보는 사상'이다. 각자가 자신의 느낌과 관점에 기대어 자기주장이 맞다고 생각하며 그 주장을 행동으로 펼친다는 의미다. 매킨타이어에 따르면 이는 도덕적 불일치를 초래했고, 어떠한 합리적 방식도 존재할 수 없게 만들었다.

자유주의 사회에서 모두가 따라야 할 도덕 윤리란 없다. 모두에게 똑같은 가치관을 따르라고 하는 것 자체가 자유와 권리를 억누르는 일이기 때문이다. 모든 생각은 소중하다. 게다가 각자 나름의 논리와 근거가 있다. 하지만 누가 옳은지를 가려줄 '압도적인 잣대'는 없다. 그래서 나에게 이로우면 옳고, 불리하면 틀렸다는 '내로남불'식 논리와 폭로가 끝없이 이어진다. 정치도 마찬가지다. 누가 옳은지는 결국

자유주의 사회에서 모두가 따라야 할 도덕 윤리란 없다. 그렇다면 수많은 논란을 잠재우고 합의를
이끌어내기 위한 방법은 무엇일까?

무리의 숫자와 이익 거래로 정해진다. 정치가들은 권력을 잡기 위해
'더 잘살게 하고, 더 많은 이익을 주겠다'며 시민을 유혹할 뿐이다.

　이렇게 보면 자유주의가 널리 퍼진 사회는 '사회'라고 하기도 어렵
다. 그저 '각자 자기 이익만을 좇는 이방인들이 모여 지내는 곳'에 지
나지 않는다. 이런 곳에서는 살림살이가 나아져도 서로를 경계하는
마음만 커진다. 가진 것을 잃을까 두려워서다. 남들보다 뒤처지면 사
회를 향한 원망도 한없이 치솟는데. 경쟁에서 밀려난 나를 누구도 돌
봐주지 않으리라는 두려움 때문이다.

나는 어떤 이야기의 일부일까?

그렇다면 자유주의가 퍼뜨린 문제를 해결할 방법은 무엇일까? 매킨
타이어는 공동체부터 다시 세워야 한다고 단호히 말한다. 그는 고대
그리스의 철학자 아리스토텔레스Aristoteles를 끌어들인다. 아리스토텔
레스에 따르면, 사회 없이도 살 수 있는 존재는 '신神 아니면 짐승'뿐
이다. 사람은 결코 사회를 떠나서는 사람답게 살지 못한다.

　사회 속에 살면서 무엇이 좋은 행동이고 나쁜 처신인지를 가리기
는 어렵지 않다. 매킨타이어에 따르면 우리는 태어날 때부터 누군가
의 아들이거나 딸, 또는 친척이다. 나아가 어느 마을이나 도시의 시
민이다. 공동체가 제대로 굴러가고 발전하게 만드는 행동은 좋고 훌
륭하다. 반면에 내가 속한 무리를 엉망진창으로 만드는 짓은? 당연
히 손가락질받아야 할 나쁜 처신이다. '공동체의 유지와 발전'을 잣
대로 삼아보라. 여기에 비춰 무엇이 옳은지 그른지를 가리는 순간,
자유주의에서 흔하게 펼쳐지는 내로남불식 논리는 자리할 곳이 없어
진다.

　하지만 여전히 석연치 않은 부분이 있다. 공동체가 잘되게 하는 행
동은 과연 무엇일까? 이를 누가 정할 수 있을까? 종교가 지배하던 시
대에는 신이나 경전이 이를 일러줬다. 신의 말씀에 맞으면 좋고, 그
렇지 않으면 나쁘다는 식이었다. 그런데 자유주의가 지배하는 현대
사회에선 종교를 믿는 것도 자유로운 선택 사항이지 않은가?

　이에 매킨타이어는 도덕 윤리의 잣대로 '서사적 통일성narrative unity'

을 앞세운다. '좋은 아들딸은 이러저러하게 처신한다', '훌륭한 직장인은 이러저러하게 판단하며 행동한다' 등 공동체에는 저마다 어떻게 해야 인정과 칭찬을 받는지 알 수 있는 나름의 서사 구조가 자리 잡고 있다. 내가 잘 생활하고 있는지, 어떻게 해야 공동체를 발전시킬지는 공동체에 뿌리내린 서사 구조에 따라 판단하면 된다. 매킨타이어는 '나는 무엇을 해야 하는가?'라는 물음에 답하려면 '나는 어떤 이야기의 일부인가?'부터 따져보라고 말한다. 인간이란 '말과 행동을 통해 (공동체 속에서 자신의 삶이라는) 이야기를 이어가는 동물이기 때문'이다.

덕 윤리, 행위자가 중요하다

매킨타이어의 주장은 자연스레 '덕德, virtue 윤리'까지 이어진다. 여기서도 그는 아리스토텔레스를 끌어들인다. "우리는 정의로운 일을 함으로써 정의로운 사람이 되고, 절제 있게 행동함으로써 절제 있는 사람이 된다." 아리스토텔레스의 《니코마코스 윤리학》에 나오는 구절이다.

자유주의자는 행위 자체가 법과 규율에 맞는지만 따진다. 하지만 그렇게 해서는 사람들의 도덕성이 나아지지 않는다. 이해득실만 따지는 가운데 잇속에 빠른 인간으로 거듭날 뿐이다. 매킨타이어는 '행위자'에 집중한다. 덕스러운 행동을 끊임없이 하며 훌륭한 인품을 갖춘 사람은 아리스토텔레스의 말처럼 '마땅한 때, 마땅히 그래야 할

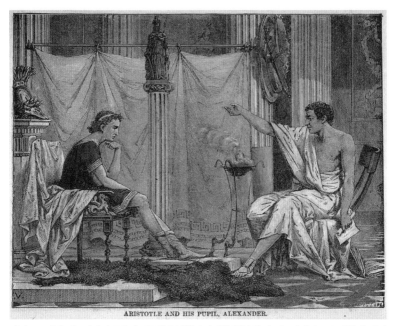

ARISTOTLE AND HIS PUPIL, ALEXANDER.

아리스토텔레스는 전체의 좋음, '공동선'의 실현이 진정한 행복에 이르는 길이라고 주장했다. 아리스토텔레스는 고대 마케도니아의 왕 알렉산드로스의 스승이기도 했다.

일과 사람들에 대해, 마땅한 목적과 방식으로 행동'한다. 덕망 있는 주변 사람들의 처신을 떠올리면 이 말의 의미가 금방 이해될 듯싶다.

매킨타이어는 시민들이 덕을 갖춘 사람이 되고자 노력해야 한다고 힘주어 말한다. 좋은 사람이 많아지면 공동체 역시 훌륭하게 바뀌기 때문이다. 그와 마찬가지로 기품 있고 도덕적인 공동체는 구성원의 삶을 훌륭하게 이끈다. 아리스토텔레스는 《정치학》에서 이렇게 말했다. "몸 전체가 사라지면 손이나 발도 있을 리 없다. 마찬가지로 가정과 개인보다 앞서 국가를 생각해야 한다. 전체는 부분에 앞서기 때문이다." 매킨타이어의 생각도 비슷하다. 시민들이 어떤 덕을 따르며 실천해야 할지는 공동체가 무엇을 원하는지, 그 속에서 구성원이 어떤 역할을 하는지에 따라 정해진다.

따라서 우리는 공동체가 좇아야 할 최선의 모습은 무엇인지 고민해야 한다. '공동체에 이로운 일을 생각하며 실천하려는 모습', '내 삶의 의미를 공동체 속에서 찾으려는 태도', '내가 속한 공동체가 도덕적이어야 나도 도덕적일 수 있다는 믿음'. 이 세 가지가 매킨타이어의 사상을 비롯한 공동체주의의 핵심일 테다.

사실 매킨타이어의 사상을 무조건 끄덕거리며 따라가기란 쉽지 않다. 계속해서 의심이 피어오르기 때문이다. 공동체를 나보다 앞서 생각하라는 말은 독재국가의 권력자들이 핏대 올리며 내세우는 논리 아니던가? 게다가 조직과 집단부터 챙기라는 주장은 '꼰대'스럽게 느껴지기도 한다.

하지만 공동체주의는 개인주의의 문제가 하늘을 찌를 지경이 되었을 때 나온 사상임을 놓쳐선 안 된다. 시민의 권리와 자유는 물론 소중하다. 그러나 개인은 사회를 떠나서는 살 수 없다. 공동체가 올곧고 정의롭지 못하다면, 내 삶 또한 힘들고 버거워진다.

공동체는 계속해서 없어지고 있다. '공동체'라는 의미의 마을이 사라진다는 뜻이다. 지금은 이웃에 누가 사는지도 모르는 이가 적지 않다. 친척끼리 주고받던 살가운 정情도 자주 만나지 못하면서 흐릿해져가고, 가족도 일인 가구로 흩어져간다. 과연 '내가 뿌리내리고 사는 공동체'라고 자신 있게 말할 만한 곳이 얼마나 남아 있을까? 혹시 법과 규정을 제대로 지키는지 감시하고 관리하는 국가만 남은 것은 아닐까? 이런 세상에서 우리 삶은 과연 제대로 꾸려질 수 있을까?

매킨타이어는 '옳음rightness'보다 '좋음goodness'이 중요하다고 힘주어 말한다. 옳음은 법과 규정을 잘 따르는 생활을 의미한다. 반면에 좋음은 덕스럽고 바람직하며 도덕적인 삶을 뜻하는 말이다. 현재 세상은 옳은 세상인가, 좋은 세상인가? 세상은 자유와 권리를 소중하게 여기지만, 여전히 삶은 외롭고 팍팍하며 불안하지 않은가? 왜 지금 매킨타이어의 공동체주의가 큰 울림으로 다가오는지 생각해볼 필요가 있다.

어울림의 지혜

절차가 올바르다고 해서 반드시 바람직한 결과가 나오는 것은 아니다. 온갖 편법이 판치는 이유는 여기에 있다. 법의 허점을 찾아내어, 자신은 법과 규정을 준수했으니 아무 문제없다고 큰소리치는 자들이 한둘이던가. 법은 최소한의 정의일 뿐이다. 그런데도 자유주의 사회에서는 법만 지키면 올바름과 정의가 실현된 듯 여기는 이들이 무척 많다. 매킨타이어는 절차적 '옳음'을 넘어 도덕적인 '좋음'으로까지 나아가야 한다고 말한다. 그렇다면 법과 규칙에 '좋음'을 담아낼 방법은 무엇일까?

기학에 담은
통민운화의 꿈

최한기

두 세기를 앞서 살다 간 사람

혜강惠崗 최한기를 전혀 모른 채로 그의 책을 접한 사람이라면 혹시 연도 표시가 잘못되진 않았는지 확인해볼지도 모른다. 진정한 학문이란 공맹孔孟과 주자朱子밖에 없다고 믿으며 소중화小中華 사상에 젖어 있던 조선 말기, 혜강은 서양 자연과학에 관해 어지간한 지금 사람보다 훨씬 잘 알았으니 말이다. 게다가 그는 당시로선 상당히 세련된 국제화 마인드를 갖춘 사람이었다. 국경을 넘어선 교류를 강조했을뿐더러, 세상의 모든 학자와 토론하고 싶은 바람으로 저서를 중국 베이징의 국제 서점가에서 출간할 정도였다.

하지만 혜강은 아직 잘 알려지지 않은 철학자다. 수십 년 전까지만 해도 생애에 대한 기본적 자료조차 파악되지 않아서 그가 양반인지, 중인中人인지를 놓고 학자들 사이에서 치열한 공방이 벌어졌을 정도다. 그러나 1960년대에 혜강에 관한 연구가 본격화한 이후 1000여 권에 달하는 최한기의 저서는 차례로 빛을 보기 시작했다. 이제 그의 철학은 서양 과학 문명을 대신할 만큼 훌륭한 우리의 고유 사상 체계로 주목받고 있다.

국제화 감각을 지닌 세련된 파리지앵?

혜강 최한기는 1803년 경기도 개성의 삭녕 최씨 가문에서 태어났다. 조상은 10대째 벼슬길에 나간 사람이 없었다고 한다. 그의 처지는 양반이었다고 해도 양민과 별 다름없었을 듯하다. 열 살 때 아버지가 죽자, 혜강은 대를 이을 자식이 없던 종숙(아버지의 사촌 형제) 최광현의 양자로 들어갔다. 이후 언제 상경했는지는 확실치 않지만, 그는 평생을 '서울 시민'으로 살았다.

서울에서 그는 부티 나는 삶을 누렸다. 양아버지는 꽤 부자였는데, 혜강이 세련된 도시인으로 살아갈 수 있던 경제적 배경은 바로 여기에 있을 테다. 최한기가 30대까지 살던 남촌의 저택에서 고산자古山子 김정호가 그의 부탁으로 세계지도를 만들었다는 일화를 보면, 혜강의 집은 '지도 공장' 하나가 통째로 들어갈 만큼 큰 집이었던 듯싶다.

사농공상의 신분 구별이 철저하던 시절, 양반의 일이란 당연히 관직에 나아가 국가에 봉사하는 것이었다. 그도 여느 양반처럼 과거 준비를 하기는 했다. 1825년 스물셋의 나이로 생원시에 합격했지만, 이는 최소한의 '면피'에 지나지 않았던 듯하다. 혜강은 과거나 관직에 별 신경을 쓰지 않았다.

그렇다고 해서 그가 놀고먹는 귀족 청년이던 것도 아니다. 혜강은 학식이 매우 풍부한 선비였다. 다만 조선 선비들이 주로 보던 공자님 말씀을 담은 사서삼경이나 역사책

혜강 최한기는 조선 최초의 근대적 지식인으로 평가받는다.

이 아니라, 당시엔 신출기서新出奇書라고 외면받은 천문학·물리학·계측학 등의 과학서와 지리서를 주로 봤다는 점에서 남달랐을 뿐이다.

혜강은 중국 청나라에서 한문으로 번역되어 들어온 자연과학 서적과 서양 문명에 관한 책을 상당히 많이 읽었던 것 같다. 서울 생활을 고집한 이유 또한 새로 나온 외국 서적을 가장 빨리 구해 볼 수 있었기 때문이다. 그는 '나랏법이 막지만 않는다면 서양 학자들을 만나러 갈 것'이라고 했는데, 충분히 그러고도 남을 사람이었다. '스승과 친구를 만나기 위해서는 천 리 길도 마다하지 않았고, 서책을 연구하는 데는 천금을 아끼지 않았다'라는 것이 혜강에 대한 당대 지인知人의 평가다.

한편 혜강은 팔도 유람을 다녔고, 서울의 도시적 풍취도 즐기는 사람이었다. 국제화 감각을 지녔을뿐더러 학문과 예술을 이해하는 세

련된 파리지앵parisien, 지금으로 친다면 최한기는 이런 사람일 것이다.

조선에는 최한기가 있다

혜강 최한기는 일찍이 자기 삶의 목표를 행도行道가 아닌 명도明道에 뒀다. '실천적 지식인'보다 '학문하는 삶'을 택했다는 의미다. 그는 "사람의 삶은 스무 살에서 마흔 살까지의 기간을 어떻게 보내느냐에 따라 평가된다"라고 말하곤 했는데, 이 기준으로 보자면 혜강은 영락 없는 재야 학자다.

그러나 혜강은 매우 자신감 넘치는 학자였다. 사람은 봐야 할 것보다 보고 싶은 것만 보려는 경향이 있다. 과학 문명을 앞세운 서양의 침탈이 본격화한 시절, 조선의 선비들은 그들의 위협을 '서양 오랑캐들'이라며 애써 외면하려고 했다. 자신들에게 익숙한 공맹의 윤리를 제대로 세운다면 그까짓 천박한 오랑캐의 문명쯤은 얼마든지 물리칠 수 있다고 큰소리쳤다.

하지만 혜강은 정반대의 논리를 폈다. 그는 호기심 어린 눈으로 천문학·물리학 같은 과학 이론서부터 측량과 계산·방적기계·풍차와 관련한 서양의 기술 서적까지 닥치는 대로 구해서 읽었다. 그러곤 "외국에서 선진 기술을 받아들여 나라를 부강하게 한다면 서양 사람들이 오히려 우리를 두려워할 텐데 무엇이 문제인가?"라고 반문했다.

그 당시 민중 속으로 은근히 퍼지던 천주교를 혜강은 곱지 않은 눈으로 바라봤지만 걱정하진 않았다. 우리의 우수한 도덕·윤리가 이 때문에 통째로 뿌리 뽑히진 않을 것이라는 강한 자신감이 있었기 때문이다. 자부심이 큰 사람은 자신의 단점을 솔직히 인정할 뿐 아니라, 남의 장점도 겸허히 받아들인다. 혜강은 그런 도량과 깊이를 지닌 학자였다.

40대까지의 혜강 사상의 특징은 1836년, 그가 서른네 살에 펴낸 《기측체의》에 잘 드러난다. 아무리 열린 생각을 지녔다고 해도 혜강은 조선의 유학자였다. 그도 당대 여느 학자들처럼 주자의 격물치지 格物致知, 즉 사물의 본질을 밝게 깨달아 성인聖人이 되려는 노력을 게을리하지 않았다. 하지만 주자처럼 대나무 앞에 앉아서 사색에 잠기거나, 태극이나 음양 원리로 세상을 밝히려는 시도는 거부했다. 그는 과학적인 관찰과 분석을 통해 세상의 모습을 드러내려고 노력할 뿐이었다.

9권 5책에 이르는 《기측체의》의 한 부분인 〈추측록〉은 혜강만의 독특한 과학적 탐구 방법, 즉 '추측推測'을 연구한 책이다. 사물의 관찰에서 출발하여 추상의 과정을 거쳐 '이理'에 다다르는 추측 방법은, 관찰에서부터 일반화를 거쳐 과학 법칙을 얻어내는 서양의 과학 탐구 방법과 대단히 비슷하다.

그는 이 책을 중국 인화당人和堂에서 간행했다. 세계 학자들과 교류하고 싶은 소망에서다. '패동浿東 최한기'라는 저자 이름엔 단순히 '학문 수입국' 정도로만 여겨지던 조선에도 이 정도의 학식을 갖춘 선비가 있음을 드러내려는 강한 자부심이 묻어 있다. 우리나라에서 연구한 학술 논문을 미국 학계에 발표하는 지금 우리 토종 학자의 당당함을 보는 듯하다. 혜강은 진정 200년을 앞서 '세계화 마인드'를 갖춘 대학자다!

임금도 선거로 뽑아라!

1851년, 마흔아홉 살이 된 혜강 최한기는 서울 숭례문 부근의 상동으로 집을 옮겼다. 요즘 표현으로 하면 '강남 노른자위 최고급 아파트'로 이사한 셈이다. 게다가 새로 수입하는 책은 항상 최곳값으로 사들였기 때문에 그의 집엔 말 그대로 '없는 책이 없었다'. 조선에서 최고의 '첨단 정보'를 지닌 사람은 최한기라는 말이 나돌 정도였다. 이로써 그의 부유함이 어느 정도였는지를 짐작할 수 있을 듯하다.

혜강은 관직과 담을 쌓으며 지낸 사람이지만, 그렇다고 해서 정치에 관심이 없던 것은 아니다. 그는 단순한 '과학자'가 아니라, 어려서부터 정통 성리학 교육을 받은 사대부였다. 사대부의 '본업'은 정치로 왕을 도와 국가를 부강하게 하고, 백성을 편안하게 하는 데 있었다. 그러니 아무리 학자의 길을 걷는다고 해도 나랏일은 사대부로선 끊을 수 없는 관심사였을 테다.

1860년, 쉰여덟 살에 펴낸 《인정》은 혜강이 수십 년간 쌓아온 정치적 견해를 종합한 책이다. 이 책에서 그는 부패한 정부를 강하게 비판했다. 그리고 '정치 개혁'을 힘차게 부르짖었는데, 그 방안이 당시엔 매우 획기적이었다. 정치의 근본은 제대로 된 인재를 골라내는 데 있는 법. 조선의 전통적 인재 선발 기준이 '도덕성'이었다면, 혜강은 실무 능력과 현실적 감각을 중요한 기준으로 꼽았다.

그는 도덕성 또한 '점수화'해야 한다고 주장했다. '국제화 감각'도 중요한 소양이니 외부 문물을 자주 접할 수 있는 서울 등 대도시 사람을 관료로 뽑아야 한다는 말까지 했다. 나아가 정책 결정엔 백성의 의견도 반영해야 한다는 공치共治를 내세웠으며, 군장君長(임금)을 백성이 직접 뽑아야 한다는 아찔한 의견도 내놓았다. 물론 혜강은 '여론을 수렴하되 통치는 한 사람이 하는 게 낫다'는 식으로 전통적 군주제를 옹호하는 결론을 내렸다. 그러나 그는 '무늬'는 사대부였지만, 현대 민주주의 이론서에 나올 듯한 내용을 극히 폐쇄된 신분 사회인 19세기 조선에서 이미 말하고 있었다.

국경을 무너뜨리는 통민운화의 꿈

모든 철학 사상엔 일관성을 이루는 근원적 주장이 있는 법이다. 혜강 사상의 근원을 한 단어로 요약하면 '기학氣學'이라고 할 수 있다. 우주 만물은 하나의 기氣로 되어 있다는 것이다. 여기서 '기'란 정통 성리학의 이기론理氣論뿐 아니라, 서양 근대과학 지식에서 영향받은 것이기도 하다. 예컨대《성기운화》(1867)는 영국의 천문학자 존 허셜John Herschel의 저서를 한문으로 번역한《담천》(1859)에서 영향받은 것으로 알려졌다. 그 책에서 혜강 최한기는 기의 존재를 증명하기 위해 한쪽 문을 세게 닫으면 다른 쪽 문이 열리는 나름의 '과학 실험'을 하기도 했다.

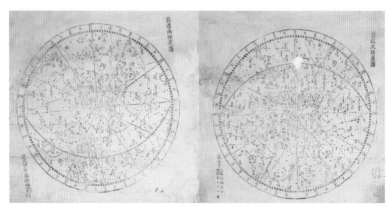

최한기가 제작한 별자리 지도인 〈황도남북항성도〉. 최한기는 서양의 과학기술을 받아들여 활용하는 국제적 지식인이었다. 국토지리정보원 지도박물관 소장.

우주는 '하나의 기'이지만, 각각은 다시 자연·사회·개인으로 나눌 수 있다. 대자연의 기가 움직이는 것을 '대기운화大氣運化'라고 한다면, 사회는 '통민운화通民運化'요 개인은 '일신운화一身運化'라 할 수 있다. 이상적인 사회와 삶이란, 대기운화의 법칙을 제대로 알아서 통민운화와 일신운화를 일치하는 것이다. 어찌 보면 세상을 제대로 보고 진리에 따른 삶을 살아가려 애쓰는 철학자들의 오랜 바람과 별로 다른 것 같지 않다.

하지만 철학 사상이란 항상 시대에 따라 상대적이다. 어떤 시대엔 뻔한 주장으로 치부되더라도, 다른 시기엔 상당히 중요한 가르침으로 여겨질 수 있다. 극히 폐쇄적인 조선 말기 사회에서 혜강의 '기철학'은 우주의 본질을 탐구한다는 명목 아래 자연과학 탐구의 가능성을 열어주기도 했고, 그 자체로 세계시민적 발상이기도 했다. 세상 만물이 하나의 기인 이상, 서양 사람들의 기나 우리의 기가 다를 리 없다. 그렇다면 서로 마음을 합쳐 통민운화를 대기운화에 맞게 실현하는 일이, 인류 공통의 이상이 된다. 국경을 무너뜨린 교류, 21세기에도 현재진행형인 그 목표를 혜강은 19세기에 말했다.

최한기는 지금도 진행형

혜강 최한기의 노년은 쓸쓸했다. 책을 사는 데 지나치게 돈을 쓴 나머지 가세는 점차 기울었으며, 말년엔 그 좋은 집을 팔고 성문 밖으로 이사해야 했다. 장남이 과거에 급제해 마음을 기쁘게 했지만, 이 또한 오래가지 않았다. 아들을 통해 무너져가는 조선왕조의 현실을 눈으로 확인하는 아픔만 겪었을 뿐이다. 1879년 만으로 일흔다섯의 나이로 혜강은 눈을 감았다. 개항이 이뤄진 지 몇 해 뒤, 그의 뜻과는 달리 협력이 아닌 침략과 탐욕이 국제 정세를 지배하던 때였다.

1971년에 혜강의 사상을 정리한《명남루총서》가 비로소 출판된 이래, 최한기 연구에 '붐'이 일었다. 위대한 사상에 관한 연구는 그 자체로 하나의 역사를 이룬다. 식민지 콤플렉스에서 벗어나지 못하고 산업화 강박관념에 시달리던 1960년대에 그는 주로 '한국 근대과학의 선구자'라는 측면에서 조명됐다. 하지만 경제적으로 부강해지고 민족의 자존심이 높아진 1990년대 이후에는 서양의 편협한 과학 문명을 넘어서, 자연과 사회를 '기'라는 하나의 코드로 묶은 우리 고유의 철학자로 주목받는다.

혜강은 지금도 '자라나는 철학자'다. 새로운 기록이 계속 발굴되고,

시대와 자료에 따라 그의 여러 면모가 드러나고 있다. 부디 학자들이 혜강이 그토록 중시하던 '열리고 당찬 마음'으로 최한기를 연구했으면 좋겠다. 21세기 인류 앞에 놓인 여러 과제를 해결할 혜안을 그에게서 얻을 수 있도록 말이다.

어울림의 지혜

과학은 온 세상을 하나의 세계관으로 통일시켰다. 서로 다른 신앙과 도덕원리를 갖춘 사회끼리는 충돌과 갈등을 빚기 쉽다. 하지만 지금은 세계가 '과학'이라는 하나의 합의된 믿음 위에서 굴러간다. 어찌 보면 최한기가 말한 대기大氣의 움직임을 깨달아, 이를 사회의 화합과 조화로 이끄는 '통민운화'가 실현되고 있는 셈이다. 비유컨대, 서로 다른 컴퓨터 운영체제를 하나로 합치고 있는 상황 같다고 보아도 좋겠다. 가치관을 함께할 때는 경쟁이 대결로 치닫는 경우가 드물어진다. 그렇다면 과학의 시대, 분쟁과 갈등을 잠재울 방법은 무엇이어야 할까?

부모 찬스가 꼭 부당할까,
정의의 두 원칙

존 롤스

바람직한 사회는 무엇일까?

자연에는 원망이 없다. 토끼가 호랑이로 태어나지 못했다며 아쉬워하지는 않는다. 호랑이가 토끼에게 미안해하는 일도 없다. 약한 존재는 어떻게든 살아남으려 아득바득하고, 맹수는 당연한 듯 다른 짐승을 잡아먹을 뿐이다.

그러나 인간은 다르다. 태어날 때부터 '금수저'를 입에 물고 태어난 이들을 보는 마음은 편치 않다. 왜 노력하지 않아도 저리 호강한단 말인기? 너무니 부당한 일이디! 능력괴 외모는 또 어떤가. 인래 머리가 좋아서 공부를 열심히 안 해도 성적을 잘 받는 친구를 주변에서 찾아보라. 속이 뒤틀릴 테다. 부모 유전자 덕에 멋진 외모를 물려받은 이들도 내 마음을 질투로 가득 채운다.

이렇듯 사람들은 타고난 운運으로 누리는 호사나 행복을 정당하지 않다고 여긴다. 그래서 '부모 찬스(?)'를 받은 사람들을 손가락질한다. 외모나 능력도 다르지 않다. 그래서 법은 외모로 차별하는 것을 엄하게 막고, 운동경기에서도 체급을 나눠 태생적인 조건이 실력과 노력보다 앞서는 상황을 막으려 한다.

하지만 이렇게 하는 것이 과연 옳을까? 사실 약한 놈은 밀려나고 강한 놈만 살아남는 과정을 거치며 생명체는 점점 강해진다. 나약한 존재들을 억지로 보호한다면 어떻게 될까? 결국 생명체들은 점점 약해질 테다. 우리의 문명도 다르지 않다. 기업과 산업은 치열한 경쟁을 통해 자라난다. '공정'하지 않다며 크고 센 업체들의 손발을 묶어 고만고만하게 만들어버리면 어떨까? 과연 세계적인 대기업과 겨뤄 살아남을 수 있을까?

그 때문에 세상엔 각자 알아서 경쟁하며 살아남도록 내버려두라고 외치는 이가 적지 않다. 이들에게는 부모 찬스도 부당하지 않다. 어차피 자연 상태에서는 강한 자가 살아남게 되어 있다. 이런 상황에서 부모 찬스는 생존을 위해 써야 할 조건에 지나지 않는다. 평등을 주장하며 공평을 앞세울수록 사회는 점점 주저앉고 경제도 쭈그러들 뿐이다. 지난날 소련 같은 공산주의 국가들이 어떻게 무너졌는지를 생각해보라.

그래도 약육강식이 지배하는 정글이 가장 바람직한 세상의 모습이라고 여길 사람은 많지 않을 듯싶다. 반면에 모두가 평등한 세상도 마뜩잖기는 마찬가지다. 도대체 바람직한 사회란 무엇일까?

생각 실험, 정의를 밝히다

미국의 정치철학자 존 롤스John Rawls는 '단일 주제 철학자one theme philosopher'로 유명하다. 그는 평생 '정의justice'가 무엇인지를 밝히는 데 매달린 사람이다. 왜 그랬을까?

"과학 이론을 만드는 데는 '진리'가 무엇보다 중요하다. 사회제도를 꾸리는 데는 '정의'가 가장 핵심이다." 롤스의 유명한 말이다. 잘못된 자연법칙에서 제대로 된 과학 이론이 나올 리 없다. 마찬가지로 정의가 무엇인지도 모르는 상태라면 사회가 잘 굴러갈 리 없다. 이것이 그가 정의의 본질을 밝히려고 애쓴 까닭이다.

정의가 무엇인지 어떻게 알아낼 수 있을까? 과학자들은 진리를 밝히기 위해 실험실에서 작업한다. 이와 비슷하게 롤스는 정의가 처음 발생한 상황을 상상하며 어떤 결과가 빚어질지 실험했다. 이른바 '생각 실험'이다.

먼저 그는 모두가 '무지의 베일veil of ignorance'을 쓴 '원초적 입장original position'을 만들어낸다. 롤플레잉 게임을 예로 들어보자. 당신은 앞으로 100년 동안 하루 24시간 내내 게임만 해야 하는 상황이다. 그대가 어떤 캐릭터를 갖게 될지는 무작위로 정해진다. '만렙'에 이른 인물이 주어질 수도 있겠지만, 만약 최악의 캐릭터가 당신에게 주어진다면 어떻겠는가? 그대는 무려 100년 동안 이길 가망이 없는 게임을

존 롤스의 '원초적 입장'을 시각적으로 나타낸 것. 원초적 입장이란 내가 어떤 운명에 처하게 될지 모르는 장치, 즉 무지의 베일을 쓴 상태에서도 모두가 공정하다고 수긍할 만한 주장을 뜻한다.

신산스럽게 이어가야 할 테다. 이는 생각만 해도 끔찍한 일이다. '무지의 베일'이란 이렇듯 내가 어떤 운명에 처하게 될지 모르도록 하는 장치를 뜻한다.

생각해보면 이런 식의 롤플레잉 게임은 인생과 다르지 않다. 우리는 태어나면서 능력치와 조건을 내 마음대로 선택하지 못한다. 그래도 우리는 주어진 대로 인생을 살아내야 한다. 만약 가장 최악의 패를 쥐었을 때도 삶이 살 만해지려면 우리는 어떤 결정을 내려야 할까? '원초적 입장'이란 이 물음에 대해 무지의 베일을 쓴 상태에서도 모두가 '공정'하다며 수긍할 주장을 일컫는다.

맥시민, 그리고 정의의 두 원칙

누구나 최악의 처지에 놓일 수 있는 상황이라면 사람들은 '보험'을 들어놓고 싶어 한다. 자신이 가장 나쁜 상황에 처하더라도, 게임을 할 만한 상태는 되어야 하지 않겠는가. 그래서 사람들은 '최소 극대화의 원리[맥시민maximin]'에 합의한다. 이는 가장 나쁜 처지에 놓이는 사람도 불이익을 받지 않는 상태를 뜻한다. 이런 규칙이 있다면 내가 어떤 캐릭터를 뽑게 되건 큰 걱정을 하지 않아도 된다. 여기서 존 롤스는 첫 번째 정의의 원칙을 끌어낸다.

제1원칙: 평등한 자유의 원칙Principle of Equal Liberty
모든 사람에게는 다른 이들만큼 자유를 평등하게 누릴 권리가 있다.

모든 이는 기본적으로 평등해야 한다. 지위가 높다고, 돈이 많다고, 능력이 뛰어나다고 해서 상대를 함부로 대할 권리는 누구에게도 없다. 롤스에 따르면, 최악의 처지에 놓인 자들도 이런 '인간적인' 대우를 누릴 수 있는 사회는 공정하기에 정의롭다.

그러나 모두 평등한 사회가 꼭 바람직하지는 않다. 사람들은 전부 다르기 때문이다. 능력도 다르고 욕망에도 차이가 있다. 서로 실력을 겨루며 우위를 가리는 경쟁은 무명을 이끄는 힘이기도 하다. 문제는 더 뛰어난 능력치의 캐릭터를 받아 게임하는 사람이 당연히 경쟁에서 유리하다는 점이다. 우리의 삶도 다르지 않다. 좋은 집안과 훌륭한 머리와 몸을 갖고 태어난 자들이 훨씬 나은 위치에서 경쟁을 펼치고 있지 않은가. 이 문제를 해결하기 위해 롤스는 두 번째 정의의 원칙을 소개한다.

제2원칙: 차등의 원칙Difference Principle

사회적·경제적 불평등은

(a) 최소 수혜자에게 최대 이익이 되고

(b) 모든 이에게 공정한 기회를 보장해주는 한에서만 허용된다.

의사의 봉급이 청소부보다 많은 이유

사람들이 모든 차별에 다 화내진 않는다. 의사는 청소부보다 봉급이 훨씬 많다. 이를 이상하게 생각하는 사람은 많지 않다. 왜 그럴까? 의사가 여느 직업보다 돈을 많이 버는 편이 사회 전체에 이익이 되는 까닭이다. 의술을 배우기란 무척 어렵고 힘들다. 마땅한 대접을 해주지 않는다면, 누가 힘든 의학을 배우려고 하겠는가? 의사가 부족하면 사회는 무척 힘든 상황에 놓이게 된다. 따라서 사람들은 의사가 청소부보다 더 많은 이익을 얻는다는 사실에 별다른 불만을 품지 않는다. 정의의 제2원칙, '최소 수혜자에게 최대 이익이 될 때 불평등이 허용된다'는 말은 이런 의미다.

타고난 외모나 능력도 마찬가지다. 존 롤스는 노력 없이 물려받은 모두를 '공유 자산common asset'처럼 여긴다. 예컨대 1970~1980년대 우

286

리 사회에서는 재벌을 키워야 한다는 주장이 대세였다. 일단 경제 규모가 커지면, 못사는 이들도 혜택을 입게 되리라는 논리에서였다. 이른바 '최소 수혜자 최우선 배려의 원칙'이 여기서도 통한 셈이다.

사람들은 기업을 직접 경영하는 재벌 2·3세들을 어떻게 바라볼까? 왜 그들을 못마땅하게 여기는 이가 많을까? 답은 '모든 이에게 공정한 기회를 보장해주는 한에서만' 불평등이 허용된다는 제2원칙의 두 번째 구절에 있다. 롤스가 말하는 공정함이란 '경쟁할 기회를 준다'는 정도의 의미가 아니다. 불리한 처지에 놓인 이들도 강한 자들과 승부를 겨룰 수 있을 만큼 사회가 적극적으로 도와주라는 뜻이다. 가난한 학생들에게 장학금을 주고, 어려운 이들에게 더 많은 의료보험 혜택을 주는 일이 여기에 해당하겠다.

물론 우리 사회가 '최소 수혜자에게 최대 이익이 되고', '모든 이에게 공정한 기회를 보장해주는' 수준까지 이르려면 아직도 갈 길이 멀다. 그러나 이 두 가지 조건이 채워졌을 때만 비로소 불평등은 사회에서 '정당하게' 여겨질 것이다.

중첩된 합의가 정의를 만든다

존 롤스는 정의의 두 원칙을, 사회를 꾸리는 자연법칙처럼 여기는 듯싶다. 움직이는 자동차건, 날아가는 로켓이건 여기에 적용되는 물리 법칙은 똑같다. 이를 이해하고 있다면 날아가는 공의 궤적도 알아낼 수 있다. 롤스가 말하는 정의의 두 원칙도 다르지 않다. 사람들이 기

법과 정의의 여신 유스티티아Justitia. 정의를 의미하는 영단어 'Justice'는 이 여신의 이름에서 유래했다. 정의의 여신상은 대개 두 눈을 가리고 한 손에 저울을, 다른 한 손에는 칼을 쥐고 있다. 어느 쪽에도 기울지 않는 공평한 자세를 지킨다는 의미다. 눈을 가리지 않고 저울 대신 법전을 든 이 정의의 여신은 로마 대법원 정문에 새겨진 조각이다.

독교를 믿건, 이슬람교를 믿건 상관없다. 극우주의자와 공산주의자가 함께 모여 있다고 해도 문제없다. 각자의 신앙과 이념에 상관없이, 정의의 두 원칙이 통하고 있다면 사회는 별 탈 없이 잘 돌아간다.

롤스는 '중첩적 합의overlapping consensus'를 강조한다. 사실 세상에는 무엇이 정의인지에 대한 '정답'은 없다. 정의를 찾아가는 '매뉴얼'이 있을 뿐이다. 롤스가 말하는 정의의 두 원칙이 바로 이 매뉴얼에 해당하겠다. 초점이 맞지 않은 사진을 예로 들어보자. 낱장의 사진들만 봐서는 도대체 무엇을 찍었는지 알기 어렵다. 그러나 여러 장을 보면 비로소 대상이 무엇인지 조금씩 짐작이 간다.

각자가 '정의'라고 외치는 주장들은 초점이 맞지 않은 사진과 같다. 어느 것도 절대적으로 옳거나 틀리지 않는다. 하지만 서로의 주장을 인정하고 곱씹는 가운데 사회는 어느덧 '반성적 평형reflective equilibrium'을 찾을 테다. 이것이 바로 '공정으로서의 정의justice as fairness'다. 모두가 자유롭고 평등하며(정의의 제1원칙), 불평등은 가장 손해를 보는 자들에게도 이익이 되고 모두에게 기회가 공정하게 보장되는 한에서만 인정될 때(정의의 제2원칙) 사회는 올곧은 방향으로 나아가게 되어 있다. 그런 상황이라면 서로 다른 신앙과 정치적 신념에 관용을 베풀지 못할 이유도 없다.

정의를 다루는 책들이 두껍고 어려운 이유

정의의 두 원칙을 설명한 존 롤스의《정의론》은 1971년 세상에 나왔다. 정의를 주제로 한 책은 대부분 두껍다. 플라톤의《국가》는 600페이지가 넘는 분량이며, 롤스의《정의론》의 두께도 이에 못지않다. 이렇게 읽기 힘든《정의론》은 20세기 문명에 가장 큰 영향을 끼친 철학책으로 손꼽힌다.

자본주의 사회에서 빈부 격차와 차별은 고질적인 문제다. 우리 사회도 다르지 않다. 금수저·흙수저 논쟁은 일상이 되었고, 혐오도 날로 커져만 가지 않던가. 그러나 증오와 원한만으로 해결될 문제는 없다. 갈등을 풀려면 제대로 된 해법부터 손에 쥐어야 한다.《정의론》은 점점 심각해지는 격차와 차별, 갈등과 혐오라는 문제를 해결할 철학적인 비법처럼 여겨진다. 우리가 두껍고 어려운 롤스의《정의론》을 공들여 읽어야 하는 이유는 여기에 있다.

어울림의 지혜

민주주의는 불편하다. 갈등과 경쟁이 일상인 탓이다. 경쟁에는 승부를 가리는 과정이 있다. 나아가, 그 결과에 따라 불평등이 생겨나기 마련이다. 이는 또한 진 쪽의 불만으로 이어지곤 한다. 문제는 승자의 눈으로만 옳고 그름을 가리려 할 때 크게 불거진다. 패자 또한 기꺼이 받아들일 수 있는 승부의 규칙을 세울 수는 없을까?

✦

철학자 소사전

1장

지크문트 프로이트
Sigmund Freud, 1856~1939

지크문트 프로이트는 오스트리아 출신의 정신과 의사로 정신분석이라는 분야를 연 사람이다. 인간의 무의식을 최초로 발견한 이로도 평가받는다. 성적 욕망을 인간 행동의 기초로 설명하여 당대에 큰 논란을 불러일으켰으나, 그의 이론은 차츰 세상의 인정을 받았다. 국제정신분석학회를 만들기도 했으며,《꿈의 해석》을 비롯한 20여 권의 저서로 심리학 발전에 큰 영향을 끼쳤다. 1938년 나치스가 오스트리아를 점령하면서 영국으로 망명했고, 이듬해 런던에서 사망했다.

자크 라캉
Jacques Lacan, 1901~1981

라캉은 프랑스의 정신의학자이자 철학자이다. 1932년 편집증적 정신분열증을 연구하여 박사 학위를 받았다. 1934년 파리정신분석학회의 회원이 되었다. 자신을 정신분석의 창시자인 프로이트의 충실한 계승자라고 여겼으나, 비정통적인 정신분석학적 관점 때문에 결국 국제정신분석협회에서 퇴출되었다. 1966년 자신의 논문집《에크리Ecrits》를 발표하여 프랑스 최고 지성으로 명성을 얻었고, '파리 프로이트학교'를 열기도 했다. 1953년부터 1981년까지는 파리에서 꾸준히 '세미나'를 열어 1960년대와 1970년대 프랑스의 지성에 결정적인 영향을 미쳤다.

르네 지라르
René Girard, 1923~2015

1923년 프랑스에서 태어나 주로 미국에서 활동하던 문화 평론가·인류학자·철학자다. 평생 '욕망의 모방', '희생양 메커니즘' 연구에 매달렸다. 자신의 연구를 '(진화론이라는) 주장을 위한 하나의 긴 논증'이라고 불렀던 찰스 다윈에 빗대어, 단일 주제에 평생 매달린 그를 '인문학의 다윈'으로 부르기도 한다. 《낭만적 거짓과 소설적 진실》(1961)이라는 책에서 '모방 이론'을 내세웠으며, 《폭력과 성스러움》(1972)을 통해 희생양 메커니즘을 정교하게 설명했다. 나아가《나는 사탄이 번개처럼 떨어지는 것을 본다》(1999)에서는《성경》을 통해 희생양 메커니즘에서 벗어날 수 있는 길을 제시하려 노력했다.

알프레트 아들러
Alfred Adler, 1870~1937

오스트리아 출신의 유대계 심리학자이자 정신과 전문의이다. 지크문트 프로이트, 카를 융과 함께 인간 무의식에 파고든 '3대 심층심리학자'로 불리기도 한다. 인간은 나눌 수 없는 하나임을 강조하는 개인심리학의 창시자이기도 하다. 빈대학 의학부를 졸업한 뒤, 안과 의사와 내과 의사를 거쳐 정신과 전문의가 되었다. 제1차세계대전 이후에는 아동상담소를 열어서 상담에 힘썼으며, 1920년대 후반에 미국으로 건너가 활동하면서 큰 인기를 끌었다. 1937년 강연차 영국 스코틀랜드를 찾았다가 심근경색으로 사망했다.

카를 융

Carl Jung, 1875~1961

카를 융은 스위스 출신의 정신과 의사·심리학자·철학자다. 지크문트 프로이트와 함께 무의식을 탐색하는 '정신분석학'이란 분야를 열었다. '콤플렉스'와 '페르소나', '집단 무의식'이라는 개념을 만들었으며 말년에는 신지학과 연금술 등 신비주의 사상에 몰두했다. '분석심리학'의 창시자이며, 그의 사상은 지금도 정신과 치료와 상담에서 활용되고 있다.

카를 야스퍼스

Karl Jaspers, 1883~1969

야스퍼스는 독일의 올덴부르크에서 태어났다. 열여덟 살에 기관지확장증을 앓아 하이델베르크에서 요양을 하였다. 이때 의학 강의들을 접하고 전공을 법학에서 의학으로 바꾸었다. 이후 의사 시험에 합격하였다가 다시 정신분석학, 심리학을 거쳐 철학 연구자가 되었다. 그리고 1921년에 하이델베르크대학 철학과 정교수가 되었다. 1932년 《철학》 1~3권으로 세계적인 명성을 얻었으나 히틀러가 집권하자 아내가 유대인이라는 이유로 교수직을 박탈당했다. 나치스 패망 이후 복권된 그는 대학재건위원회를 구성했다. 1948년에는 스위스 바젤대학의 초빙을 받아 자리를 옮겼다. 이후 교수직 외에는 어떤 공직도 맡지 않은 채 조용한 말년을 보냈다. 저서로는 《Psychologie der Weltanschauungen(세계관의 심리학)》(1919), 《철학》 1~3권, 《철학적 생각을 배우는 작은 수업》(1965) 등이 있다.

2장

칼 폴라니

Karl Polanyi, 1886~1964

오스트리아·헝가리제국 태생인 유대계 경제학자·사회철학자로, 제1차세계대전과 러시아의 사회주의혁명, 파시즘 탄압을 모두 겪고 영국으로 망명했다. 영국에서는 1930년대 경제 대공황을 경험했다. 미국으로 이주한 뒤에는 1947년부터 6년간 컬럼비아대학 교수로 경제사를 강의했고, 말년에도 시장경제를 뛰어넘을 방안을 계속 연구했다. 주요 저작으로는 《거대한 전환》(1944), 《초기제국에 있어서의 교역과 시장》(1957) 등이 있다. 폴라니에 대해 더 알고 싶은 독자는 와카모리 미도리가 쓴 《지금 다시, 칼 폴라니》(2015), 개러스 데일이 쓴 《칼 폴라니: 왼편의 삶》(2016)을 읽어보라. 그의 삶과 사상의 형성 과정을 잘 이해할 수 있다.

안토니오 그람시
Antonio Gramsci, 1891~1937

옛 이탈리아 공산당PCI을 창당한 철학자·사회운동가다. 1891년 이탈리아 사르데냐의 알레스에서 태어났다. 1913년 옛 이탈리아 사회당PSI에 입당하여 사회변혁을 위해 앞장섰다. 이후 그는 'PSI가 보수화되어서 이탈리아의 노동운동이 실패했다'고 결론 내리고, 1921년 PCI를 창당했다. 1926년 베니토 무솔리니의 파시즘 정권에 의해 감옥에 갇혔으며, 수감 기간 중인 1926~1935년에 자본주의 사회를 비판하는 글을 썼다. 30권 이상의 노트에 3000쪽 넘는 방대한 분량으로, 지식인·국가·시민사회 등 다양한 문제를 다뤘다. 1937년 건강 악화로 석방된 직후에 세상을 떠났다.

울리히 벡
Ulrich Beck, 1944~2015

1944년 독일 슈톨프(현재의 폴란드 스웁스크)에서 태어난 울리히 벡은 법학, 사회학, 철학, 정치학을 공부하고 1972년 뮌헨대학에서 사회학 박사 학위를 받았다. 소련 체르노빌 원전 사고가 벌어진 1986년에 출간된 《위험사회》는 세상에 큰 울림을 주었다. 여기서 그는 세계적인 위기에 맞서 허무주의에 빠지지 말고, 개인들이 깨인 정신으로 힘을 합쳐야 한다는 주장을 펼쳤다. 1990년 가족 문제를 다룬 《사랑은 지독한, 그러나 너무나 정상적인 혼란》을 펴냈고, 1994년 《성찰적 근대화》(공저)를 출간했다. 위험의 세계화를 계속 연구하던 그는 2015년에 세상을 떠났다.

안토니오 네그리
Antonio Negri, 1933 ~

마이클 하트
Michael Hardt, 1960 ~

안토니오 네그리는 이탈리아 파도바대학의 교수이던 1978년, 이탈리아 테러 조직 '붉은여단'의 암살 테러 수괴로 지목받아 다음 해 체포됐다. 억울함을 호소하던 그는 1983년 프랑스로 망명했으며, 이후 파리 제8대학의 교수를 지냈다. 1997년 스스로 이탈리아로 돌아간 뒤 가택 연금되었고, 2003년에 완전히 자유로워졌다.

마이클 하트는 네그리의 제자이며, 미국 듀크대학 교수로 재직 중이다. 두 사람은 '제국 4부작'으로 불리는 《제국》(2000), 《다중》(2004), 《공통체》(2009), 《어셈블리》(2017)를 함께 펴내 세계적인 명성을 얻었다.

미셸 푸코
Michel Foucault, 1926~1984

철학·심리학·정신병리학을 연구했으며, 프랑스 지식인들에게 최고 영예로 여겨지는 콜레주 드 프랑스의 교수직을 지냈다. 병원과 감옥, 성性과 같은 구체적 주제를 놓고서 역사적 자료를 '두더지 같은 시선'으로 조사하며 '지식이 어떻게 만들어지는지', '권력이 어떻게 작동하는지'에 대한 이론을 펼쳤다. 《광기의 역사》(1961), 《말과 사물》(1966), 《지식의 고고학》(1969), 《담론의 질서》(1971), 《감시와 처벌》 등 여러 저서를 남겼으며, 1976년 《성의 역사 1: 지식의 의지》를 시작으로 성을 둘러싼 권력 문제를 탐구했다. 하지만 1984년 후천면역결핍증HIV/AIDS 합병증으로 숨을 거두며 이 연구는 미완으로 남았다.

발터 베냐민
Walter Benjamin, 1892~1940

독일 출신의 유대계 철학자·번역가·평론가다. 베를린의 유복한 가정에서 태어나 프라이부르크대학·뮌헨대학 등에서 철학을 공부했다. 1919년 스위스 베른대학에서 〈독일 낭만주의의 예술비평 개념〉이라는 논문으로 박사 학위를 받았다. 《괴테의 친화력》(1924), 《독일 비애극의 원천》(1928) 등 뛰어난 저술

을 내놓았지만, 대학에 자리를 잡지는 못했다. 1940년 나치스를 피해 미국으로 망명하고자 프랑스를 탈출했으나, 에스파냐 국경을 통과하지 못하게 되자 좌절 끝에 목숨을 끊었다.

3장

마셜 매클루언
Marshall McLuhan, 1911~1980

캐나다 출신의 영문학자이자 문화 비평가·언론학자다. 토론토대학 문화기술연구소 소장을 맡아 활동했다. 《구텐베르크 은하계》(1962)에서 활자 문명과 구어 문명의 본질을 잘 드러내 학계의 주목을 받았으며, 전자 매체 시대의 특징을 분석하고 미래를 예측한 《미디어의 이해》(1964)로 세계적 명성을 얻었다. 독실한 가톨릭 신자였던 그의 '공동체에 관한 이론'은 신앙적 색채를 많이 띤다는 평가를 받기도 한다.

아널드 토인비
Arnold Toynbee, 1889~1975

아널드 토인비는 영국의 역사학자다. 이름이 같은 그의 큰아버지는 '산업혁명industrial revolution' 이라는 용어를 세상에 정착시킨 유명한 경제학자다. 영국 런던에서 태어나 옥스퍼드대학에서 서양 고대사를 전공했으며, 1908년 청년 튀르크당이 마케도니아에서 혁

명을 일으켜 성공하는 모습을 지켜본 뒤 세계사에 깊은 관심을 갖게 됐다. 1927년부터 '문명들은 시대와 공간을 뛰어넘어 서로 비슷하다'라는 주제를 탐구한 《역사의 연구》를 쓰기 시작했고, 1961년에 이르러 마침내 12권 분량에 이르는 방대한 집필을 마쳤다. 여기서 그는 세계 역사상 26개의 문명권이 각각 발생·성장·쇠퇴·해체의 과정을 주기적으로 되풀이한다고 밝히면서 미래 서유럽 문명이 어떻게 될 것인지를 보여주려 했다. 1955년 런던대학 명예교수로 추대되었으며, 1975년 세상을 떠났다.

앙리 베르그송
Henri Bergson, 1859~1941

프랑스의 철학자. 콜레주 드 프랑스의 교수를 지냈다. 프랑스 학자들 사이에서 최고 영예로 꼽히는 정원 40명의 아카데미 프랑세즈의 회원이기도 했다. 《물질과 기억》(1896), 《창조적 진화》, 《도덕과 종교의 두 원천》 등의 저작을 펴냈다. 그는 생물학과 물리학 등 자연과학 분야에 해박했으며, 이를 바탕으로 철학을 연구해서 매우 독창적인 사상가로 평가받는다. 제1차세계대전이 끝난 뒤에는 국제연맹의 '국제 지적 협력위원회(이후 유네스코로 발전)' 의장을 맡았고, 1927년에 노벨문학상을 받는 등 매우 존경받는 학자였다. 말년에 류

머티즘성 관절염으로 고생하다가 제2차세계대전이 한창인 1941년, 프랑스 파리에서 폐렴으로 세상을 떠났다.

에드워드 윌슨
Edward Wilson, 1929~2021

사회생물학의 창시자로 알려진 미국의 생물학자이자 과학저술가다. 평생에 걸쳐 개미를 연구했으며, 동물행동학, 진화생물학 등에 큰 업적을 남겼다. 하버드대학 교수를 지냈으며, 인문학과 자연과학의 협업과 공동연구를 강조하는 《통섭》(1999)을 비롯, 《인간 본성에 대하여》(1978), 《지구의 정복자》(2013) 등 다수의 저서를 썼다.

최제우
1824~1864

동학의 창시자로 1824년 경북 경주에서 태어났다. 1856년 여름 천성산을 시작으로 수련을 이어가다가 1860년 4월 5일, 마침내 큰 깨달음을 얻었다. 이듬해부터 그는 포교를 시작했고, 이후 동학은 빠른 속도로 퍼졌다. 하지만 당시 조선 정부는 1864년 그에게 혹세무민과 사도난정邪道亂正의 죄를 씌워 참형에 처했다. 사도난정이란 '서양의 요사한 가르침을 그대로 옮겨 이름만 동학으로 바꾸고서 세상을 헷갈리게 하고 어지럽힌 죄'를 일컫는다.

에른스트 카시러

Ernst Cassirer, 1874~1945

유대계 독일 철학자이며 '신칸트학파'의 대표로 이름을 날렸다. 독일 마르부르크대학에서 헤르만 코엔Hermann Cohen으로부터 철학을 배웠고, 함부르크대학 교수직을 역임했다. 주저로는 《상징형식의 철학》 3부작이 있다. 나치스가 정권을 잡자 스위스·영국·스웨덴에서 망명 생활을 했으며, 결국엔 미국으로 건너가 예일대학과 컬럼비아대학에서 연구와 강의를 이어갔다. 제2차세계대전이 끝나기 직전인 1945년 4월 13일, 미국 뉴욕에서 숨을 거두었다.

게오르크 헤겔

Georg Hegel, 1770~1831

예나대학과 하이델베르크대학, 베를린대학 교수를 지낸 헤겔은 독일 관념론을 완성시킨 철학자로 손꼽힌다. 《정신현상학》, 《대논리학》, 《철학강요(엔치클로페디)》(1817) 등의 저서를 썼으며, 체계적인 사회 및 역사 발전 이론으로 현대사회에 큰 영향을 끼쳤다. 카를 마르크스는 헤겔의 역사철학을 통해 공산주의 사상을 체계화했으며, 실존철학자들은 헤겔에 반대해 개인의 삶과 가치를 앞세우기도 했다. 이렇듯 철학의 역사에 있어 헤겔은 현대사상의 출발점이 되는 중요한 사상가다.

4장

마사 누스바움

Martha Nussbaum, 1947~

미국의 정치철학자다. 정의로운 사회를 이루기 위해서는 제도에 앞서 시민들에게 바람직한 감정을 심어줘야 한다고 주장하며 예술작품, 교육, 종교 등이 이를 위한 좋은 수단이 된다고 말한다. 대표적인 저서로 《시적 정의》(1995), 《혐오와 수치심》, 《정치적 감정》 등이 있다.

에마뉘엘 레비나스

Emmanel Levinas, 1906~1995

현재 리투아니아인 제정러시아의 영토에서 태어난 유대인이다. 주로 프랑스어로 책을 써서 프랑스 철학자로 분류된다. 전통적인 유대교 교육을 받은 그는 1923년 프랑스 스트라스부르대학에서 철학 공부를 시작해, 1928~1929년 독일 프라이부르크대학에서 에드문트 후설과 마르틴 하이데거의 수업을 들으며 현상학을 연구했다. 1930년 〈후설 현상학에서의 직관 이론〉으로 박사학위를 받았다. 제2차세계대전에 프랑스군 통역장교로 참전했고, 포로로 잡혀 수용소에서 고초를 겪었다. 주요 저서로는 《존재에서 존재자로》(1947), 《시간과 타자》(1947), 《전체성과 무한》(1961), 《존재와 달리 또는 존재성을 넘어》(1974) 등이 있다.

레프 비고츠키

Lev Vygotsky, 1896~1934

레프 비고츠키는 옛 소련의 심리학자다. '물질이 정신을 결정한다'는 카를 마르크스의 생각을 심리학으로 가장 잘 정리한 학자로 평가받는다. 1896년 유대인 가정에서 태어났으며, 모스크바대학의 의학부에 입학했으나 법학으로 전공을 바꾸었다. 그는 대학에서 철학·심리학·언어학·문학 등을 폭넓게 공부했고, 1924년 모스크바대학의 심리학 연구소에 근무하면서 심리학자의 삶을 살기 시작했다. 인간 마음에 끼치는 사회 문화적 영향을 중요하게 여기는 '문화심리학'의 창시자로 불린다. 1934년 만 37세의 나이에 폐결핵으로 사망했다.

알래스데어 매킨타이어

Alsadair MacIntyre, 1929~

영국 스코틀랜드 출신의 윤리학자다. 1970년 미국으로 건너간 후, 줄곧 그곳에서 활동했다. 존 롤스의 《정의론》을 놓고 치열하게 펼쳐졌던 '공동체주의-자유주의 논쟁' 과정에서 주목받는 철학자로 떠올랐다. 1984년 출간한 《덕의 상실》이 공동체주의의 핵심을 담은 책으로 인정받았기 때문이다. 그 후에도 매킨타이어는 《Whose Justice? Which Rationality?(누구의 정의이고, 어떤 합리성인가?)》(1988), 《Dependent Rational Animals(의존적인 이성적 동물)》(1999) 등, 공동체주의의 핵심을 이루는 중요한 저작들을 펴냈다.

최한기

1803~1879

1803년(순조 3)에 태어나 1879년(고종 16)까지 산 조선 말기의 과학 사상가다. 그의 일생에 대해선 별로 알려진 바가 없이 저서 상당수가 전해질 뿐이다. 1000권이 넘는 책을 썼다고 하며 《농정회요》(1830), 《청구도제》(1834), 《강관론》(1836), 《심기도설》(1842), 《소차유찬》(1843), 《습산진벌》(1850), 《기학》(1857) 등이 남아 있다.

존 롤스

John Rawls, 1921~2002

존 롤스는 미국 볼티모어에서 태어났다. 코넬대학과 매사추세츠공대MIT를 거쳐, 1962년부터 2002년 사망할 때까지 하버드대학 철학과 교수를 지냈다. 1958년 〈공정으로서의 정의〉라는 논문을 발표한 이후 평생 '정의' 문제 하나에만 매달렸다. 이에 그의 이름 앞에는 '단일 주제 철학자'라는 별명이 붙곤 한다. 1971년에 발표된 《정의론》이 롤스의 대표 저서로 통한다. 이후 1993년에 《정치적 자유주의》, 1999년에 《만민법》이라는 굵직한 저서를 세상에 내놓았다.

처음 읽는 현대 철학

초판 1쇄 발행 2023년 3월 15일
초판 2쇄 발행 2023년 12월 28일

지은이 안광복
발행인 김형보
편집 최윤경, 강태영, 임재희, 홍민기, 박찬재
마케팅 이연실, 이다영, 송신아 **디자인** 송은비 **경영지원** 최윤영

발행처 어크로스출판그룹(주)
출판신고 2018년 12월 20일 제 2018-000339호
주소 서울시 마포구 양화로10길 50 마이빌딩 3층
전화 070-5080-4037(편집) 070-8724-5877(영업) **팩스** 02-6085-7676
이메일 across@acrossbook.com **홈페이지** www.acrossbook.com

ⓒ 안광복 2023

ISBN 979-11-6774-093-9 03100

만든 사람들
편집 최윤경 **교정** 고아라 **표지디자인** 양진규 **본문디자인** 송은비 **조판** 박은진